U0902250

HOW TO BREAK UP WITH ANYONE

Jamye Waxman
[美] 伽麦・韦克斯曼 著
钟远征 译

Letting Go of Friends, Family, and Everyone In-Between

别挣扎了，你该分手了！

漓江出版社
桂林

HOW TO BREAK UP WITH ANYONE by Jamye Waxman

图书在版编目(CIP)数据

别挣扎了,你该分手了!/(美)伽麦·韦克斯曼(Jamye Waxman)著;钟远征 译.—桂林:漓江出版社,2018.11
(有氧生活)
书名原文:How to Break Up with Anyone:Letting Go of Friends, Family, and Everyone In-Between
ISBN 978-7-5407-8392-1
Ⅰ. ①别… Ⅱ. ①伽… ②钟… Ⅲ. ①人际关系学-通俗读物 Ⅳ. ①C912.11-49
中国版本图书馆 CIP 数据核字(2018)第 006365 号
著作权合同登记号桂图登字:20-2016-349 号

别挣扎了,你该分手了!(Bie Zhengzha Le,Ni Gai Fenshou Le!)

作者:伽麦·韦克斯曼　译者:钟远征

出 版 人:刘迪才
出 品 人:吴晓妮
策划编辑:叶　子
责任编辑:叶　子
装帧设计:何　萌
责任监印:陈娅妮

漓江出版社有限公司出版发行
社址:广西桂林市南环路 22 号　邮政编码:541002
网址:http://www.lijiangbook.com
发行电话:010-85893190　　0773-2583322
传　　真:010-85890870-814　0773-2582200
邮购热线:0773-2583322
电子信箱:ljcbs@163.com

山东德州新华印务有限责任公司印刷
(山东省德州市经济开发区晶华大道 2306 号　邮政编码:253000)
开本:880mm×1230mm　1/32
印张:7.75　字数:120 千字
版次:2018 年 11 月第 1 版
印次:2018 年 11 月第 1 次印刷
定价:42.00 元

献给过去和现在与我有缘的所有人

目　录

导言

一本为所有人而写的分手之书

你最近一次历数生命中曾有多少无疾而终的关系，而你每一次又是怎样放手的，是在什么时候呢？

奇怪的是，这样的关系你竟数不过来。因为，关系就像性高潮：它们有时悄悄地走近你，紧接着就突然消失了；而另一些时候，它们却持续得更久。但掂量起来，没有什么高潮或者关系会持续到永远(剧透一下：我们都终有一死)；只是，有些关系像高潮那样，结束得比其他关系更快罢了。长也好，短也罢，你希望自己生命里都不会少，而这样一来，要对它们中的所有都留存记忆就变得更难，只记取最好或最糟的关系就简单多了。

就我来说，只是在动笔写这本书之前，我才老老实实地去发掘自己经历过的那些分手的细枝末节。而当回过头去看过去那些关系的时候，我意识到，它们的终了更多是出于选择还是出于偶然(也就是说，被遗忘在生活的混沌之流中)，已经无从分辨了。

我经历过很多种分手。我们都会有。不论我们是否有意于此，这都是司空见惯的经验。在我们的生命中，人们确实走进又走出。有时，他们留下一声哀叹，而另一些时候，却留下印象过于深刻的一幕幕。

我想到这本书的主题是在几年前了，当时我刚经历一次极为艰难的了断(endship)——我用这个词来指代亲密友谊的结束。当我静坐着，为我自己和我的损失(**或者说她的损失?**)感到惋惜的时候，我左思右想，有什么办法能让我继续前行。毕竟，如果我不能再求助于我已失去的那个朋友，我就得为自己那被剥夺了权利的悲伤找到别的出口。

当然，我也能去找别人，但他们中的很多人是我们共同的朋友，都不想掺和在我们中间(他们也不应该)。别的人则不理解为什么了却这份友谊要如此小题大做。真能理解的人，要去对付一个为闺密情的不再而长吁短叹的女人，时间和精力也有限。

所以，我开始寻找别的资源。我发现，有很多分手题材的书，都是为了那失去的欢爱时光而写，但对于失去了另一种爱——一种原以为会像大糖球那样持久而有保障的爱——的女孩，却什么也没有。那个时候，我才想到，一本这样题材的书会让我感到不那么孤独。并不是说，这种书总是会让我感觉好受些，或者能驱散伤痛，而是它能让我明白，这样的过程是我们每个人都经历过的。

虽然我们在做法上会有些微的差别，但一般性的原则是有的,它们能确保一种更为平稳和幸福的结局。而且,即使我们当中不是所有人都会分手,或者从分手中复原,体验也会是相似的。那是因为,分手的方式终归没有 101 种,虽然你做起来的方式会有很多(面对面式的、打电话/发信息、写信、通过中间人,或者消失)。

这本书的写作也提醒了我,想要对分手感到心满意足,是有可靠的方式的。尤其是当你有信心做到心安,而且有能力忠于自己的选择的时候。除此之外,保持理智清醒,尽可能让散场的谈话简短宜人,也很重要。

研究发现,了结一种关系的金律是面对面。面对面式的了结更能带来个人的满足,让人更有了却的感觉。我还和一些以别样的方式(比如发邮件和父母断绝,被从邪教团体中剔除,或者通过发送信息的方式和商业伙伴断交)了结关系的人交谈过。虽谈不上理想,但有时理想化的情境会叠加上一层压力,没有人能对付,也没人愿意去应对。

本书最后的两个章节所关注的是关系的收尾和宽恕。我,和心灵导师还有宗教领袖一起,讨论了宽恕的概念。不消说,这是一个意涵复杂的词,也是一个容易激起情感的话题。当涉及要去宽恕一个你原本要忘却的人的时候,你往往会严重动摇自己信仰的根基。

一直以来,我都用这本书所传达的信息让自己生命中的分手更快乐、更健康。希望我说的话能增加你选择的自主权,让你做出对自己最好的选择,而且能在事态无法挽回的时候说出你自己的心声。不论是断离还是逃离,我都希望这本书能帮你自由地离开。

伽麦·韦克斯曼
圣克鲁斯山,2015 年

第一章

无关爱情的分手101式

所有类型的关系都有有效期限，并不是只有浪漫关系才会过期。分手不总是意味着失恋或决定某某不是你的“真命天子”。尤其是因为，做“意中人”和恋爱在所有类型关系中并不是首选项。

一旦你确定了一段关系——介于你和你的妈妈、弟弟、最好的朋友、表亲、性别、教会、寺庙、老板、生意伙伴、表演指导老师、牙医、教练之间，甚至介于你和你自己的腿（或任何其他对象）之间——已经无法继续，所谓分手的过程就已经开始了。

有很多人在无关爱情的关系里分手。他们选择了断，有时是因为不幸福或不满意，有时是因为老是围着一个人转变得麻木了。情况往往是你不再能坚持下去，或者也不想再坚持。

你该已经知道了通常情况下人们分手的理由。但当关系不牵涉爱情的时候，要向任何人（包括你自己在内）解释就更难了。特别是当你还在尝试为结束一段关系做自我辩解的时候(比如,为什么你最终还是下定决心和你的姐姐分开),或者向别人解释这分手的时候(你怎么和你妈妈讲你已经不再和你姐姐说话了)。大多数人都想不到你会和与自己不再能共处的人断绝关系。

难上加难的是,要去了结这些非爱情关系的你,处在一个看重重归于好或至少给予第二次可能性的世界。我们的社会"决不轻言再见",即使非要说再见,我们也期望着哪天再说"你好"。如果我们拒绝对"一切都棒极了"(*Everything is AWESOME*)这首主题曲顶拳相庆,我们可能会发现,要想忠于自己的直觉还需要很多足够具有说服力的东西(对我们和他人都是)。话说回来,忠于我们的直觉是必不可少的,因为就我们选择如何去生活的能力而言,分手有着重要的作用。

好在,人们开始公开谈论自己那些无关爱情关系的分手经验了。比如有个波士顿马拉松选手,给她被截去的腿写了一封分手信。[①]以幽默的方式去补偿糟糕透顶的处境,她向我们展示了,对于不得不放手的某些东西,我们还可以付之一笑。还有那位费城的性教育家,她撰文讲述了和自己的皮肤科专家断绝关系的事。[②]她的信告诉我们,有时候挡着前路的并不是人,而是治疗的技术。不论我们与之分手的是人还是什么东西,我们知道了在我们之前分手的大有人在。

分手意味着什么?

在深入探讨分手的错综复杂之前,让我们来给这个实际的词下个定义。想到分手的时候,你的脑子里都浮现了什么呢?是各种各样的和亲友划分“财产”?或者从你手机里删去电话号码?是不是还包括在你最钟爱的社交网络上屏蔽某个人,假装这人从来没存在过?巫毒人偶和迷魂汤——对你来说也是分手的一部分吗?

有关分手的词

不理睬	一刀两断
放手	松手
停止联络	扯断
结束	各走各的
新的开始	决裂
扯开	剥离
分离	离散
了断	

有关分手的定义五花八门,一如分手的动作存在着千差万别。当关系的断离牵涉不止一个人一件事,或者人们是和自己的性别、态度做了断的时候,情况就变得扑朔迷离了。最简单地说,分手就是关系的终结。

把分手看作允许你再次开始的结束,是一种积极的方式。不管是结束一段你曾经看重但已不再珍视的关系,还是结束给你造成痛苦的关系,都是放手的过程。当我们必须去改变那名存实亡的关系的时候,这样做对于我们思考自身关系的边界来说,是一种改变,也是一种认可。

分手不仅有了断的意涵,它也是付诸实际行动的计划。这其中包括做出决定和改变,从而关照自己,并在你的生活中继续前行。它还包括学习去构建你自身那无形的防线,以便自我保护,并且划下清晰的界限。这种比喻意义上的"防线",终将给你更多的自由和空间,让你在行动之中如己所愿。

分手的本意,就是把凡事种种把握在自己的手中,做你要做的,在某种给定的情境中感受到最好的自己。结束某种关系强迫你去学习放手,也能教会你去相信自己的直觉。一旦关系被解除,那追寻心之所向的勇气和相信自己值得去追求的信心,都能让你为自己喝彩。

话说回来,分手可不是在公园里散步。和决定让你的宠物去睡觉一样,它也有情感上的耗费。虽然一般情况下选择是艰难的,但做出选择总会有一个好的理由。大多数时候,分手让人感到恐慌,不只是因为你在移除那些坏的,以便为更多好的腾出空间。它之所以能引起恐慌，是因为变化总是难以预料。可尽管如此，变化却是生活中唯一的常数（其余的是死亡和赋税）。就像面对那些常数一样，尤其当我们要和某个让自己失望的人分开的时候，我们能躲过一时，但实际上却不能回避。

无关爱情的分手禁忌

当我们听说某人刚分手的时候，我们一开始常会想到那些有关爱情的关系，这样的分手包括离婚、分居、财产分割和抚养权等问题。我们都会假定它和爱人、配偶、女朋友或男朋友、曾爱过的小猫、小兔、宝贝儿或甜心有关。这样一来，和其他人——朋友、家庭成员、医师或商业伙伴——的分手，就感觉像是肮脏的小秘密，好像不该发生似的，而如果发生了就意味着你做错了事。但是，如果你其实是做对了呢？

如果你想一想在研究和媒体中常常是如何涉及分手的主题的，就会发现它总是包含着一段“失败的”浪漫关系。因为一直以来，分手都是从浪漫关系的角度来说的，所以就使人觉得其他类型的关系不能也不该被“了断”，而且这些非浪漫式的关系走到我们需要去做出“正式”了断的地步，也是出人意料的。

人们认为，大多数无关爱情的关系都来得容易，甚至自然而然，或者说，我们从中走出来也是容易且自然的。如果我们要和一个没有与之交换过唾液的人了断关系，就可能会因为没有处理好关系而自找难堪。我们会认为自己自私，因为一个“真正的”朋友本该是无私的。而且，因为这些关系并没有让我们身心浸染，所以有时对于外人怎么看我们也会担忧。

从自由到失败

我请脸书（Facebook）上的“朋友们”在这整本书中分享他们的想法。现在，他们分享了自己对分手的定义。以下就是分手对于他们而言的意义：

“‘分手’一般意味着‘再见’。”

“剥夺。”

“从拒绝到感到不安、否定和忧虑，等等。这取决于关系的具体细节。”

“很明显，分手是了结某种基本的东西。里程碑式的改变是不能否认的。”

“自由。”

“通常是，一方感到极其恶心，而另一方感到了可怕的负罪感。这很少是相互的……即便如此，也常常是可怕的痛苦。”

“出局。”

“分手是一种杂糅的感觉，包括释放、不真实和分离。也是自我关照、自我保护和自主自觉的意识。”

“放弃。”

“分手应当是双方因彼此不再能接受一段关系而共同决定去了结它。他们没有必要愤怒、伤心或者心烦意乱。我们是成年人。被甩或甩掉别人是另一回事，它并不是相互的，而且常常让人真的非常难受。分手还好，甩或被甩糟透了……但两者都是必需的。”

“成长。”

“终止同伴关系。可适用于浪漫的关系或者婚姻，也可适用于商业关系。这并不总是悲伤的！可以是非常积极的。人们借以成长并朝着不同的方向前行。生活就是改变。”

“失败。”

“自由和痛苦的分界线。”

“它是我们的最终恐惧——孤独（或无爱）——的实现。伴随这一实现的，是无望和无助的感觉。”

“这取决于我对其人的感受如何。它要么是令人心碎的，要么是惬意的，惬意的自由。”

“它是你和那人在一起时曾有过的梦想和‘计划’的失去。并不总是失去那个人，而是失去和那个人有关的你是谁这一‘想法’。”

“尼尔·萨达卡[1]。”

1　尼尔·萨达卡（Neil Sedaka），美国著名流行歌手、钢琴家和词曲作者，其歌曲中有一首《分手很难》（*Breaking Up Is Hard to Do*）。——译注

那是因为，当我们开始这些关系的时候，并没有想到它们会结束。当我们开始和某人交往时，我们会琢磨这段关系是否会长久，那个人是不是意中人。随着事态的发展，我们融入其中并估量着自己感兴趣的程度。通常情况下，我们开始这些“其他的”关系，不是通过谷歌跟踪，或是被拉扯进那些和我们没有浪漫关系的人的生活之中。我们并不会着迷似的给他们发信息、打电话，在脸书上刷他们的新状态。所以，当这些无关爱情的关系正在进行之中，我们不会想到它们何时会到期。但当它们不再有效的时候，事态就可能让人感到不自在了。而且，因为我们不会琢磨他们是不是经常会想着我们——故意把他们从心里赶出去的时候，就让人觉得有点尴尬了。

爱情关系就不同了。我们遇到某些人，(满怀希望地)慢慢把他们纳入我们的世界。他们反过来也把我们带入他们的世界。去见**他们的**朋友和家人是件大事，因为那是**他们的**朋友和家人——不是我们的。

在我们和他们交往的时候，彼此的世界开始发生碰撞。如果关系足够长久，他们的一些朋友也成了我们的朋友，反之亦然。当关系结束的时候，那些和我们不是朋友的人就离开了，而和我们变成朋友的人，很容易区别对待我们和我们的前任(但愿如此)。毕竟，我们开始就来自不同的世界，结束时也当各归其所。这样一来，在和**我们的**社交圈——我们在前男友前女友出现之前的社交圈——分享自己的分手的时候，我们就感到随心所欲了。

但是，在一种和爱情无关的关系之中，你和当事人可能有着社交圈上的交集。这样，无论你结束这段关系，还是谈论关于了断它的感受，的确就成了一件富有挑战性的事。如果你最好的朋友成了你的商业合伙人，后来你们断绝了关系，或者你不再和母亲说话但却和姐姐保持着亲近的关系，那么整个分手的过程就变得凌乱了。

因为人们较少谈及和爱情无关的分手，所以当你要去倾诉所发生的一切，尤其是当事情牵涉的不只是“某人”的时候，就不知所向了。这个“某人”，可能是你的家庭成员、商业伙伴，或者最好的朋友。但是，和团体、事业或宗教的分手也会让你觉得孤独且隔绝。和你之前的自我的分手，也是如此。

除此之外，人们还会议论我们终结这些关系的原因。在长期的爱情关系中，某些人可能会做错事，以致挫败了两人之间的结合。他们可能会欺骗、撒谎、难于开口说“我爱你”，或者拒绝把你介绍给他们的家人。或许你只是发现自己的心已经不在他们那里了。对于大多数爱情关系而言，你总能找到和某人分手的明显的理由。

即便是你最好的朋友撒了谎，或者你妈妈是个铁石心肠的泼妇，比起向别人解释你的前男友或女友做了让你无法承受的事，解释起这些情况来也更难。[3]因为很多时候，一谈到无关爱情的关系，即使我们已经和他人不再有牵连，牵连也还是存在的。

如果了断一种枯燥而没有成就感的关系，让你觉得释然呢？你又怎么去解释？有时虽说是失恋，而且实际如此，但确切地说却又不是那么回事儿。说“我失恋了”，还是比说“这关系真无聊”更合情理些。后一种说法听起来好像是你并没有尽心去经营一样。

在和恋人分手上，人们也有着共通的经验。我们知道，在爱情关系的分手之中，我们经常是“心碎”的。对此，你不需要向任何人解释——它是既定的。但是，在其他类型的关系的分手中，你了断的是什么呢？你又如何描述自己的悲伤和损失？用医学的术语讲，它可以被称为被剥夺式的悲伤[④]——这个词被用来描述那种在社会层面上不被接受的对于损失的悲伤体验（比如在离婚中失去你的继女，或者在一次分手中失去最好的朋友）。

一旦结束，感情就需要时间来沉淀，思绪也要经历时间的流变。在身体上，你可能会感到胃部不适或者是心痛。在心理上，你不得不去应对一个人或一件事物的失去，它们对你而言仍然历历在目，但却不再是你生活的一部分了。

不管结束一段非浪漫的关系是否有特殊原因，其他人（不论是你的家人、朋友还是爱人）都不大会理解你为什么要这么小题大做。这也会使谈论这种关系的结束显得更像是一部高调的迷你剧，而不是你对自己的决定做出解释的方式。

就无关爱情的关系而言，没有什么规则手册会告诉你该如何重新阔步向前。但如果是爱情关系，你就会得到一堆建议——“忘记一个人的最好的方式，就是另找一个”，出去走走，和朋友们出去散散心吧——可是，非爱情关系的了结就不总是会有这么到位的支持系统了。要是你和你的妈妈断交了，也许就不能再向家庭成员们求助。如果你和闺密了断，就可能得不到其他朋友的支持。虽说支持系统会改变，但因为你不知道向何方求助，非爱情关系的分手就更让你觉得孤独且隔绝，尤其是当你刚刚和自己所属的唯一团体断绝关系的时候。

而且，这些人不会被替换，不像你的前任那样能够被取代。诚然，有些人因为自己的父母太糟糕而认了新的“父母”，但总体上，当你找见一个新朋友时，你们之间的纽带和你与之前的至交好友的牵绊就有所不同。当然了，爱情关系里的伴侣也不再是同样的人，但你还是要和他们做同样的事情——诸如约会、做爱和拥抱。

即使和你生活中的他人断绝关系并不那么“正常”，你也不必感到有什么忌讳。这就像是治疗。不久前，看治疗师这种事是从不被人提及的。没人愿意承认，自己去看了那些能解决自己脑袋里毛病的“心理医生”，或其他类型的专家。如果你的脑袋需要帮助，就是你疯了，不是吗？非也。现在，去看医生是件很酷的事。不仅酷，当下还有很多关于治愈的电视节目，其中就包括 HBO 的“深入治愈”（*In Treatment*），VH1 的“和詹教授聊夫妻治疗”（*Couples Therapy with Dr. Jenn*），以及 Showtime 的“网上治疗”（*Web Therapy*）。所以，和治疗有助于我们的脑袋一样，分手也是有帮助的。它同样有助于我们的心（和心灵）。或许，不消多久，我们就能看到更多种有关分手的电视节目了。

分手为什么这么伤？

精神分析之父西格蒙德·弗洛伊德，把痛苦称为生命中不可避免的部分。但这对于要应付分手之痛苦的人而言，并没有让人觉得有些许的愉快。另外，虽然我在听尼尔·萨达卡的《分手很难》的时候不再觉得孤独，但这却不会让实际过程变得更简单。

对于这种痛苦，至少有着一种科学的解释。2010 年，阿姆斯特丹大学的研究者们发表了一篇论文，致力于研究社交拒斥对内心的影响。[5]这项研究的焦点集中于自主神经系统的功能，它发现，副交感神经系统在处理拒斥方面，有着可被测量的相当大的反应。通过测算心动周期的变化，研究者们发现，交感神经系统（你的非战即逃，或者在一些情况下的对抗—逃离—僵化系统）要花费几秒钟的时间使心动加速。而在此过程中，副交感神经系统（你的自保反应）很快就开始运作，让你的心跳慢下来。他们猜想，影响副交感神经系统的社交拒斥和受伤感，在短时间内减缓心率上，同样发挥着作用。

这意味着,经历分手的过程实际上会对你的心脏造成损伤。在对社交拒斥做出的反应中,心动速率在恢复正常前有相当长的延迟,就是一个证据。而且,不论你是拒斥还是被拒斥,都会受到一定的损伤。

隔绝和孤独,会提高我们的压力水平,让我们更容易受到痛苦的侵扰,尤其是当和一个人的了断也意味着和其他人断绝的时候。这会让你感到失去了部分的自我认同,或是失去了自己的家庭。设想你在截肢后必须学会在自己的一部分(你本来要靠它去过一生的)缺失的情况下继续生活。如果没有生理治疗(在截肢的情况下)和帮助(在分手的情况下),我们却需要感到安全和健康,整个恢复的过程就会需要花更长的时间。

即使相关的科学研究不多,你也不能忽视那些不复存在的关系中的期望、欲望以及对未来的计划,对其间所经历的情感痛苦放手不管。分手,就是梦想和计划的失落。不论是不再能一起去度假,抛弃一个描述你自己身份的特殊称号,还是离开你经营过的办公室或团体,要放弃曾经坚持的梦想和观念,都是痛苦的。放弃有助于你接纳自己现时的处境,但抵达那里的过程可能让人痛苦。

有时,分手会让你变成受虐狂,比方说你会花很多时间和自己过不去。你会反省自己的行动,质疑自己的决定。这些会对你的自尊心造成极大伤害。如果你是那个主动去分手的人,你可能会为自己在那样的关系中待了那么久而感到尴尬或恼火。要么你会想,自己那了断的决定是不是过于残酷和冲动了。

而后，依赖感的问题就随之而来。我们都依赖他人，这种依赖生来有之，而且并不总是有害的。事实上，它是一种感受他人的自然而然的方式。可是，当我们和某个人分开的时候，就必须去降低依赖的程度。在人们纠缠于我们的生活的时候，我们不得不找到一种方式，让自己从他们的网中谨慎挣脱。而有时候，如果一段关系的历史能被追溯到很远，从混乱之中挣脱出来就会花费很长的时间和很多的准备。你把他们带进你的家庭和朋友的圈子，而后有一天，他们却不再是这圈子里的人了。

虽说有这么多的痛苦，但也不是没有快乐。情况确实变得舒适了，你（很可能）感觉好了很多。况且，你还给了自己一份大礼——成长。做出选择的你有自己的理由，而你终于向前看并付诸实施了。切勿回头顾盼。改变是我们的本性，你不必感到抱歉。其实，你们双方都会同意，了断是放手的方式，这也会让整个过程变得友好。

但如果分手花去了比你预期更长的时间，你总可以去找一个治疗师谈一谈（记住，这已不再是禁忌）。著名德国哲学家尼采曾经说过："那些杀不死我们的，让我们变得更强大。"即便我们没有变得更强大，也知道了我们可以活下去。

生而为人的我们，总为失去那或好或坏的东西而悲伤。但当我们"输掉"或放手那榨干我们的能量、耗尽我们的情感积蓄的东西的时候，我们就获得了能量，从而以更好的情感体验和关系去填补空虚。此生此世，我们仅有一个任务：做出选择。选择不仅限于在一段关系中留下来，还包括把它切断。它的意味更深刻——在依附和放手之间做出选择。

——伊维特·鲍林（Yvette Bowlin），《减持的人》（*AKA The Declutterist*）

分手并不总是永远的

有一些关系，它们虽然结束了，却又重新开始。在某些无关爱情的关系（尤其是和亲朋好友的关系）中，你可以进行调解。我和我最好的朋友兼妹妹就达成了和解。当我们经过一段时间的分离又重聚的时候，这分离帮助我们改变了彼此的关系。我们将会在第四章深入讨论这个话题。而现在，大家可以放心，即便在爱情关系中，50%的年轻夫妇都选择了重新来过。[⑥]

这是因为，当你们已经动摇了关系的基础之后，就更容易发现改变现实的共同立场。对于和爱情无关的关系而言，这要轻松得多，因为它通常情况下不会涉及性（当然，朋友或商业伙伴是有可能的）。离开了性，对你而言，要去克服一些情感的包袱就没有那么复杂了，也更容易在你们的关系中铺就一条导向新阶段的路。

分手是自我守护

可能你还没准备好和我一起大声喊出来，但请和我一起用扭曲姊妹[1]的话说："我们不再屈服。"不再屈服的你，已经做出了要改变生活，并把自己的需求放在第一位的决定。你不再耍小孩子脾气，开始和你生活中的人们交流哪些是可行的，哪些是不可行的。这些都是分手过程的一部分。

即使你刚处于考虑和某个人断离的初始阶段，情况也会开始好转——虽然这的确要花费时间。如果在你读到这些文字的时候，刚好经历了分手，我知道这说法不会改善你的状况。但是，顺着这条路走下去，你将发现确实如此。分手就是重组。它是关系中的地震，而一旦关系被撼动，就需要时间去重建，而你终将做到。就算你自己世界的其余部分感觉像百万个碎片，可你的地基还在。虽然你不会在一夜之间就变好——有时需要几个星期、几个月，甚至几年——但总有一天，可能在你最不经意的时候，对你必须要去应对的那些事，你会感到有状态去做了。你会感到更强大，这是因为你允许自己悲伤。在

1 Twisted Sister，成立于20世纪70年代早期的美国摇滚乐队。——译注

更轻松的选项面前你选择了分手,你会为此感谢自己。

在下一章中,我们会来说说分手的里里外外。但是,无论你如何经历分手的过程,总归有办法能帮你去保护现在的自己。你可以试着练习,吃一管冰淇淋(或许稍后这会让你感觉很糟,但毕竟有时候你必须活在当下),列下那些让你感觉良好的事情,来一趟旅行,做个按摩,哭一场,跳跳舞,投入到工作中,出去走走——只要是能让你有所感受或者有心去应对的方式,都是自我保护的方式。

虽然人们常常说到分手的悲伤和残酷,但记住,分手也会让你感到惊喜——尤其是当你冲破束缚抵达彼岸的时候——它同样是有益的。

(在这里写下属于你的自我保护方式。)

____

____

____

好了,这有没有让你觉得更强大呢?

被分手后的注意事项

1. 和你断绝关系的人可能是很在乎你的。其实,一直以来,他们都在设法去不那么在乎。所以,在你试着去忘记他们带来的伤害,对他们大加责备或者乞求他们原谅之前,还是退一步,给自己留下一些空间。

2. 你可能没有选择分手,但可以选择如何应对分手。

3. 为了评估分手对你的影响,列出一张你的感情、思绪、期望和恐惧的清单。这样,你会对自己所要应对的情况有一幅更为清晰的画面。

4. 在此过程中,发掘自己的同情心。你曾是那个主动分手的人吗?如果是,让自己回忆起另一方的情形。

5. 你不可能得到所有的答案,接受这一点。

6. 把分手看作获得更多个人成长的机会。

第二章

分手之里里外外

你想要结束一段关系，这无可厚非，但有时候关系的了断却很糟糕。即便你倾尽全力去扭转状况，保护自己，却并不总是能避免不幸的结局。但你仍然可以争取到快乐的结局，虽然不是按摩院里的那种。

我曾说过，而且还要再说一遍：不管你对分手有怎样的计划，没有任何两种分手是一样的。其他人和好友断绝关系的方式，不是你和**你的**好友断绝的方式。其他家庭处理性别认同上的改变的方式，也不会是**你的**家庭处理这种改变的方式。没有两个人是一样的，所以一个人处理分手的方式，不会是其他任何人经历这种过程的方式。尽管所有的分手都像是不同的雪花——在细节上都是独一无二的——但所有的雪花毕竟都是雪，就像所有的分手都是了结关系的一种行为。

为了减少在了断关系中的不快，为了将对感情的伤害最小化，你总能做些什么。比方说，为避免一段留给你疑问

(“我是不是已经了断了这个关系?”)的尚未完成的谈话,务必在结束关系的谈话中做到绝对明确。“这是我们最后一次谈话了。我不想再陷在这关系里面,这次谈话过后,我们不会再说话了。”或者,为了避免剧烈争吵,你可以先写一封信或发一条信息,而且只同意在收信人理解会面条件之后再见面。为避免周而复始的,实际上总以弱势一方倾听另一方而失败的争辩,你可以坚持自己的要点并为最后的会面定下期限。

尽量在感情上(对你自己和另一方)做到恳切和诚实,总是有益的。同样,要认真考虑你的措辞。记住,“是人也好,是鼠也罢,即使有最如意的安排设计,结局也往往会出其不意”[①]。但也要记得,没有初始的计划,就没有备用计划可言。不管分手发生的方式是不是在你意料之中,都应该带着自信和最好的意愿走进它。

心血来潮的分手要不得

无中生有的分手,向来不会是一个好主意。比如,在争吵的情绪中脱口而出分手的话,每一次你最好的朋友提起你不愿意说的话题,就威胁着要断绝关系,这些对于了结关系来说,都不是敏感而有效的方式。而且,用分手去刺激关系,让它按照自己的意愿发展,也不是什么绝妙的手段。

大多数情况下,结束一段关系并不是在一瞬间发生的(即使感觉起来像)。它通常要花去你大量的时间,消耗你很大的心力。甚至那些你以为是“自然而然”的分手,常常是已经被酝酿了一段时间了。

分手不应当是心血来潮的,对此有很多好的理由。尤其是,心血来潮的分手多半会把你再次带回到原来的关系,回到那些老问题之中。因为它是有欠考虑的,而如果关系的另一方恳求你,并保证去改变,你就很有可能妥协了。毕竟,退回到先前的状况,比为新情况铺路要简单得多。

如果你还没有想出退场的策略,也没有现成的支撑体系,那就可能陷入自己那无休无止的故事之中。一时间,这种“伪离”(伪造的分手)会让你觉得自己受到了重视,或者做了什么了不得的事。但最后,另一方就要说你虚张声势了。他们会回到你们之前关系的模式,这样一来,你要么不得不重新来过,要么就妥协忍受。

如果对分手没有全面的考量,就不大可能对自己的决定保持坚定。分手甚至可能让你看起来很糟糕。事后你会怀疑自己,而这或许是因为,你还没有完全想明白到底发生了什么,或许是因为你身边的人对你的行动表示质疑。不断的质疑——无论是来自你自己还是他人——能够让一个人发狂。

如果你的朋友或商业合伙人没有预见到什么,突如其来的了断就会让他们陷入惊愕之中。他们可能感到震惊,受到无比的伤害，以至于想去败坏你的名声。对于你如何处理（或者没能处理好）关系，他们会出言不逊。而如果你不是真的故意要去伤害那个人，那么预先让他知道自己的不快乐，会是处理问题的成熟方式。

话虽如此，但是必要的心血来潮的分手有时也在所难免。那多半是因为，你**现在**就要离开。这意味着，你身陷极端的处境，或者可能是和一个虐待成性的人凑在了一起。不管是你最好的朋友持刀威胁着要伤害你，还是你的商业伙伴把锤子砸在你办公室的墙上，如果你面临着直接的伤害，那就是时候断绝关系了。或者，绕一条长路回家，仔细想想你要怎么了断——不是伪断，也不是信口雌黄。

玩消失为什么并不酷

和心血来潮的分手一样，你会认为，在一夜间消失掉，会让关系了断得更容易。突然拒接某个人的电话，或者不加解释就从一个老的联谊会里退出，的确有其吸引力。假装某个人从来不曾存在，并且试着对自己的处境视而不见——或者不予理会，这样做太简单了。好比你还是个孩子的时候，捂上眼睛，想着自己突然就隐身不见了，或者以为当你看不到的时候，那些让你心烦的东西就消失了一样。遗憾的是，即使你没有在看，问题依然在那里等着你。在分手问题的处理上，消失不见看似一种神奇的招数——因为它显得比实际上去了断关系更容易，但却真的不是。

当然，你可能会想避免伤害到那个曾经和你共享挚友魔力的人。或者，在和你的姐妹断绝关系的事情上，你已经厌倦了那种不可避免的负罪感。也有可能是，你不想就辞职一事去直面自己的老板。不管原因是什么，逃避似乎都是最好的办法，但从技巧层面来讲，如果你没有实际经历过了断，那么它就不是了断。如果你真的从地球表面蒸发了，那也就无所谓结束，也不再会有这么多的问题。

要让你相信，最好的方式是断离而不是消失，可能还要有一些有说服力的东西。毕竟，像风那样吹向安然的牧场，会让人觉得是一种干脆的了断，而不是凌乱的了断。比起去直面某个人，你要是能像大卫·科波菲尔那样去策划自己的消失表演，就不必再花费那么多的情感精力了。说永别这种事真让人郁闷，我也痛恨这种方法，而更喜欢说“再见”。但有时候，你能说出的最好的话就是永别。

另外，一言不发的沉默看似轻松，放在长远看却是一种艰难的方式。久而久之，你会为自己了断的方式感到歉疚，还有可能重新思考自己的所作所为。你甚至会想再续前缘，寄希望于能够为自己辩解，抑或去估量让关系升温所需的温度（再次尝试那种关系的机会）。但如果你是在第一时间离开，就没有了迂回的理由。因为你离开得匆忙，对方就可能会认为你不配有以自己的方式慢慢回归到他们生活的机会，尤其是当你直言不讳并再次甩手走开的时候。

更何况，你看起来会像一个蠢货。你满可以觉得自己是在帮助别人，但并非如此。虽然，对情境不加讨论任其淡去，似乎是一种对待朋友的友好方式，但却是彻底的懦弱。事实上，对方不得不背起因为你拒绝和他们了断一切而带来的心理负担——至少直到他们完全从中恢复。而且，对于没有收尾的了断，他们可能永远无法恢复。所以，虽然这并不使面对面地交流更容易，没有好好说再见的了断，却会让对方遭受创伤。如果你想分手，那么务必确保你在事实上结束了这段关系。

真实的分手

我发现一个朋友在脸书上跟我掰了。我们在现实生活中是亲密的朋友，生活在同一个城市，经常见到对方。有一天，当我去看她状态的时候，发现我们已经不是脸书好友了。她没有出于尊重和礼貌打电话给我解释发生了什么。她只是选择了退出。所以，我也拉黑了她。如果她不能现身去了结关系，那我也不想让她出现在我的生活里。这事过去好几年了，我不知道她现在怎样。我仍然对发生的事情感到惊讶，也想听听她当时在想些什么，但我很高兴她离开了。也许她不是一个真正的朋友。我的意思是，真正的朋友会那么做吗？

关于我们如何分手的研究

当我们听到“分手”时，通常想到的是失恋。所以，大部分对分手的探讨是针对变了味的恋爱关系。但是，这并不意味着这种探讨不能涉及所有的关系，反倒更加肯定了经常谈论这些分手的必要。

案例一：告别的语言

伊利诺伊州立大学传播学教授桑德拉·梅茨博士，做了相当多有关关系了断的研究。[②]在一项研究中，她观察了人们在脱离关系（用非专业术语来说，脱离和分手同义）时所使用的语言。经她研究发现，大多数人以两种方式讨论分手。首先是通过讨论他们的感情是如何改变的。对于“说话者”，改变的意思或者是他们对“听者”的感情已经淡去（“我不那么喜欢你了”），或者是中性的（“我才不在乎”），或者是反感（“我不再能忍受你了”）。

当感情不再是讨论重点的时候，行动就突显出来。说话者希望采取行动撤销约定关系。通过撤销约定，他所说的是打破规则，在实质上结束关系。例如，你在每周四的晚上去看自己最好朋友的孩子，但现在你不再同意去照看他们了。

梅茨发现，一般说来，人们开始提分手时，说到更多的是行动，而不是感情。这意味着，他们宁愿说，“我再也不能和你的孩子共度周四的夜晚了”，也不会说，“在你身边我感觉糟透了”。但比起后者，前者没有那么迅速而坦诚地触及问题的核心。这项研究发现，如果你真的想传达信息，谈自己的感情要比谈行动承担更多的压力。

谈到如何分手时，你会有怎样的对话呢？你会说到业务合作的结束以及细节处理，还是就谈谈你对贸易伙伴和关系结束的感受？当你不再和个人教练有任何进展的时候，你会说与他们一起锻炼如何影响了你，还是你是如何讨厌周四晨练的安排？当你和弟妹闹翻的时候，你会直言她都做了什么，还是你对她的感受？

答案就在于你选择为自己的故事去写什么样的结局。伤害，还是疗愈，是由每一个个体来决定的。

案例二：依恋之于分手

20 世纪 50 年代，心理学家约翰·鲍比（John Bowlby）和玛丽·安斯沃斯(Mary Ainsworth)发展了依恋理论。这是一种着眼于人类如何建构关系的心理模式。该理论基于这样的假设,即依恋形成于(或不形成于)婴儿期,此一时期的婴儿须完全依恋自己的成人看护者。

在我们年幼的那一整段时间里,四种依恋类型中的某一种得以确立。如果照看你的人中有一个是能满足你大部分需求的看护人,你有可能养成一种安全无虑的依恋。如果你的主要看护者没有能力一直守护你,你就可能养成两种没有安全感的依恋(焦虑—抵抗或焦虑—逃避)中的一种。如果看护人不能照看你,你就会养成紊乱性依恋。当婴儿被忽略、遭虐待、未被照管、被遗弃,或以某种形式受到了心理创伤,紊乱性依恋就会发生。有紊乱性依恋的人没有形成依恋的基础或范型,日后就成了最难形成依恋的人。

最近,堪萨斯州心理学家塔拉·柯林斯和奥马里·吉拉斯着手揭示了依恋风格是如何影响分手的。[③]他们的目标是要弄清楚依恋是如何在我们分手(在他们的研究中有七种分手方式)的方式中发挥作用的。他们想知道,一个人的依恋风格是否会在其分手后减少不良的后果,如暴力和抑郁。

运用多种研究方式,柯林斯和吉拉斯发现,依恋风格的确会在分手期间影响对“接受者”的坦诚、照料和关怀的程度。它在决定一个人是否会避免面对面地分手,或者是否会因了断关系而责怪自己的方面发挥作用。

他们发现,一般而言,在了断关系时,“脱离人”的依恋越有安全感,就越有可能坦率、面对面并同情地去分手。而且,这种直接和富于同情心的方式减少了分手的负面后果。

现在想想,你是如何依恋自己的主要看护人的,想想这如何影响了你处理关系的方式。无论生来的风格如何,对于有着安全感依恋的人,你该如何应对他的安全感、真实以及自觉?你可以真实而诚恳地传达你的感情,而不是代之以愤怒和怨恨吗?如果你使用像“我不能再走下去了”和“我想对自己好一点”这样的表达,就可以做到掌控你的理智、行为、情感和语言。如果可以,就面对面地解决,哪怕是出于对行将落幕的关系的尊重,而别无其他理由。

事实:你知道尼尔·萨达卡录过两个版本的《分手很难》吗?1962 年,它满是积极的嘟哇和声,而 1975 年却变得缓慢而惆怅。

分手七步曲

对分手而言,不存在神奇的公式。解脱之舞的跳法也没有确切的步数,但七这个数有其意味。因为我喜欢于凡事(包括分手)之中寻求意义,想找到一切的意义,七于是就成了一个胸有成竹的步骤,它能确保你心甘情愿地去结束那段关系。

这些步骤是为了帮助你对分手有所准备，确保你已经会关照自己，可以处理任何有可能出现在你面前的谈话。这七个步骤会在分手前、分手时以及分手后帮到你。它们旨在为分手的谈话奠定基础，以免你支支吾吾或无力挣扎。

步骤一：下定决心去做

分手之前，务必确定你已经下定决心去结束这段关系，而且要明白，在自己的生活里从此不再有这个人对你而言意味着什么。在实际去做的时候，确定自己已经准备好并且甘心放弃，这真的很重要。如果你实际上无法决定是否要结束这段关系，那就等到你能够决定的时候，或者找出一个和这个人在一起生活的替代方案。不要在决心上反反复复——这对于你或对分手来说都不是好事。

如果你在有信心并在想明白之前提出分手，那么你真的会和分手的对象纠缠不清。他们也会不确定自己的立场。他们会质疑你的意图，或者怀疑你是不是一时兴起。另一方面，他们会在你说分手之前和你决裂，尤其是当你在自己的决定上反复多次之后。

如果你还没有下定决心去分手，你会说一些出乎自己本意的话。很多时候，为了推开分手的对象，我们会语出伤人，或者触碰他们的底线，这样就可以让他们代为其难。有时，我们又把他们拖回到自己的思路里。

七的重要性

七在很多方面都有意义。对宗教体系而言，它是上帝完成造物所花去的天数。对于那些相信每个星期都是一个新起点的人来说，一周共有七天。如果彩虹是你的幸运符，那就看向彩虹的七彩光芒吧。在中国的文化中，七对于关系而言是一个幸运数字。在西方文化中，它也象征着好运。对文学奇客们而言，七被认为是哈利·波特系列（一共七本）中最神奇而强大的数字。尼尔·盖曼（Neil Gaiman）在其《睡魔》（*Sandman*）系列中，也用它来指称七种无端——命运、死亡、梦境、毁灭、绝望、欲望和谵妄，这群男女被认为是宇宙中最强大力量的化身。

我们之所以这样做，是因为我们真的不确定自己能不能受得了分手。而且，让别人先提出分手是一件更容易的事。等待别人来结束这段感情或许会让人感觉更好，但对于当事人来说却是摆弄和消耗人的事。游离于确定和不决之间，对自己的心理和身体也无益。不确定性能导致抑郁、焦虑和偏执。它会让你满腹怨言，而且降低你生活其他方面的效率。所以，当你要结束一段关系的时候，问自己一些问题。例如，当想到这个人将永远不在自己的生活里出现的时候，你会有怎样的感觉？你确定自己不能也不想努力让这段关系变得更好了吗？你愿意永远不再和这个人说话了吗？结束这段关系后，你能向谁求助呢？

要想清楚，结束这段关系你将失去什么，要在什么是当务之急方面对自己坦诚。如果你不清楚错过它意味着什么，那么在应对失去时就会准备不足。当然了，你永远也做不到对自己可能的失去准备充分，但对那些生活中将失去的（好的和坏的）有所考虑会对你的恢复有所帮助。

一旦你下定决心，也给你与之分手的那个人自由吧。

步骤二：注重细节

考虑结束关系所需的细节。列一张清单，记下在分手期间你确定要说的话。需考虑的事情包括：你们会在哪里见面？怎样开始对话？你愿意停留多久听他们把话讲完？往后是哪些步骤？你将如何结束交流？

如何决定细节，虽然因各人的关系而异，但最好能做到简洁亲切。时间设定不宜超过60分钟，除非这关系涉及很多需要了结的零星微小的细节。要预先把时间设定具体化。告诉他们你们见面的准确时间，以及你离开的准确时间。即使他们来晚了，也按照约定的时间离开。

在有一些隐私空间的公共场所见面，配有桌椅的咖啡店，或者有很多长凳的公园都可以尝试。当开始谈话的时候，你要提起最重要的点，包括谈话结束后任何需要打理的事情（例如，如果你是在和一个兄弟分手，而两人还要对父母的医疗负责，那么谁负责哪一部分？或者，如果是和朋友分手，也许会商定一个时间范围，在此期间你们和彼此共同的朋友还能够和平相处）。你可能不会在那一天得到你想要的所有答案，但带一份写有你确定想说的事情的清单，也是好的。

回想你在这段关系中看重的东西，并接受它们已然不再的现实。此外，弄清楚你将疏离的是什么。你曾衷心地希望合作吗？你是否在刻意取悦你的牧师？你是不是想在朋友面前光鲜出镜？想办法去取代你将失去的，并提醒自己可以坚持下去。你会好起来的。

另外，想想自己的生活离开了这个人、事业或团体，究竟会有怎样的不同，而不只是笼统地想到不同。你失去资金安全了吗？生活中少了这个人，你是否永远不知道下一个最好的伴侣是谁了？你不能再每隔一个周末去艾蒙阿姨家吃饭了？跳槽以后，你是否就放弃了自己有望成为最高院法官的想法？要把那些让你持留在这段关系中的东西具体化，并对它让你崩溃的原因保持清醒认识。

对分手的机制和影响的认识越具体和一贯，你就越有可能在分手前被倾听，进而就越能够保持决断的状态。

步骤三：不要一味埋怨

在你们开始交流为什么要分手之前，理解你在结束这段关系中的角色也很重要。当你承担起这角色的责任时,不要把它完全归到自己身上(除非真是你的错),也不要一味责怪对方。很多时候,我们要么把过失归于对方,要么归咎于我们自己,这是因为我们对自己的决定感到不满。我们会试着去重写现实,以便让自己感觉更好、更公正,把分手的咎责归给他人。有时,我们又设法去想那些本可以阻止分手发生的种种方式。但过去终究发生了,而未来正有待我们去创造。

不要纠结于如果,而关注下一步要做什么。接纳自己。你并不完美,他们也不尽完美。

不管发生了什么,都已经是过去时,到了该让关系转变的时候了。所以,就像去对待一个垂死的亲戚那样,尽可能让关系安乐地结束。不要试图去粉饰自己的处境,不要设法让它变得与过去和当下有所不同。因为当它已经结束,确实就是结束了。

步骤四:是的!你!可以!

为你的重生欢欣雀跃吧!分手,就像满垒的赢家,在世界职业棒球大赛第七场的关键时刻,跑在三垒。全力以赴去除旧迎新吧。坚强而自信地大步迈进。为将来而激动,为自己的力量和决心而激动,并借此去冲破藩篱,竭尽全力去分手。告诉对方你的真理,也给他们一次发声的机会,设法让自己在谈话结束时为尚未书写的未来而兴奋。

你会有充足的时间去悼念自己的失去，所以为了给生活中的新人和新的行动创造空间，给自己打气吧。列一张清单，记下你希望去做的事。你将开始自己的事业吗？加入团队治疗？去野营？找到新的冥想方式？

即使你决定什么都不做，而只愿接受你失去了父母、朋友、商业合伙人、事业或性别身份的事实，也想想你如何通过决定前行而获得了更多的独立、自信和力量。

步骤五：不要陷入困境

我在这里所说的是身体和情感的困境。心理学家迈克尔·托马塞洛在他的书《我们为什么合作》中认为，人类婴儿从14个月开始，就会与生俱来地感觉到，帮助别人对自己的生存是有益的。[④]如果是这样，我们生来就会相信维系关系比了断关系更好，就很容易陷入永不放手的陷阱。但有时你需要放弃他人，保存自己。

一旦你准备分手，确保自己拥有分明的界限。身为人际关系教母的玛西娅·巴克奇斯基解释说："人们愿意索取的和你愿意付出的一样多，尤其是在有着事先建立起来的亲密关系的时候。我们都规训对方可以有多么亲密。因此，重置这些边界的含义就是告诉对方，你不可以再像过去那样跑过来要我和你一起打发时间。"[⑤]

这意味着，拒绝那些将你困在这段关系中的东西是必要的。对于再多给一次机会的请求,是可以说不的。拒绝在你感到不舒服的时间见面,拒绝私下见面,都是可以的。创建并保持你的边界,会让你感到自由。它可以帮你绕开妥协的陷阱,另一方也会令你受到更少的伤害。

创建边界允许你保护自我,但是为了以防万一,你可能还需要备有一种全身而退的战略。要明智地选择你分手谈话的地点。除非你把分手会见的地点选在拉布雷亚(La Brea)沥青坑,很少有可以让你陷入困境而不得摆脱的地点。但是,这并不意味着你碰不到一个让自己难以脱身的地点。为了不让自己感到受困,找一个容易进退的公共场所,一个开放的空间、户外的场所总是一个不错的选择。

步骤六:火烧眉毛

涉及分手的事,无论你是在规划阶段还是处在实际交流期间,假装自己是一座安静的雕像,是没有任何意义的。对自己的处境感到心烦意乱、如释重负或灰心气馁,这都没有关系。仅仅因为你正在做出决断的选择,并不意味着你应该隐瞒自己的难过、满意、沮丧、紧张或拥有所有这些情绪的事实。事实上,你有多真实,就能对分手有多真实的感受——在分手那一刻和分手之后都是如此。

但是,如果你认为敞开自己的情感会更容易使对方利用自己,那么要务必保持坚忍。心烦意乱会让他们知道这对你也造成了伤害,但这并无大碍,只要这伤害不妨碍你的决定或者分手的结果。

你可以哭、可以动怒,对你们曾经拥有的好时光极尽冷嘲热讽。你可以让对方知道自己在乎他们,即便这在乎自此之后要有距离。如果你对这次分手还怀有情绪,去感受它们也无妨。

步骤七:来一个咒语

好吧,你可能会认为咒语只被用于祈祷或冥想,但其实不然。你或许会想自己不需要一遍又一遍地重复些什么,好让自己闯过分手这一关,但这的确是有帮助的。咒语是一个词、一个短语或口号,你可以经常用它重复表达自己的信心和情感。

我在自己生活中的分手中使用过咒语。2009 年,我决定和我在世上最喜欢的城市——纽约——分手,而后冒险去洛杉矶。我感到自己是在和曾经拥有的最长久的关系分手。我在纽约生活了 14 年,每当想起要离开这个城市,感觉就像我要离开自己一生的挚爱。这座城市给了我那么多重要的回忆,而且支撑我度过了二十多岁的年纪,直到三十过半。我要离开它,去一个并不熟悉的、没有冬天的地方。那里阳光丰沛,人际关系差强人意。这是一种绝对的文化冲击。我还记得在一家药店经历的崩溃,因为它太大了,而我在局促的空间和狭小的过道中迷失了。

我的讽刺癖,我对黑色皮靴的热爱,和我要到处走走的愿望,在这转变中丢失了。最严重的是,我孤身一人,初到洛杉矶的时候还没有工作。在穿越这个国家的时候,我无可依靠。我在西海岸朋友极少,在东海岸的朋友倒是很多。而我的大部分家人,除去几个浪游者,都在纽约、新泽西和康涅狄格州。我没有要去的理由,但还是去了。

我被吓到了。而每当我感到被恐惧抓住内心的时候,就念一个咒语。我选择的咒语是从著名的古怪导游蒂莫西·“速度”·莱维奇(Timothy “Speed” Levitch)那里听来的。他在自己的《速度学》(*Speedology*)一书中写道:“恐惧是瘫痪的喜悦。”(Fear is joy paralyzed.)每当我对去向感到害怕的时候,听到我用自己的声音念出这句话,就会让我更坚强、更兴奋。这四个词给我带来了慰藉,让我相信,在自己恐惧的另一面定会有精彩。

这咒语让我想到了坐过山车的情形。冲向第一个陡降激起的期待和恐惧,在我肚子里纠结。可一旦开始下跌,我就能自由地呼吸了,甚至对坐车的紧张付诸一笑。这咒语总是在我处在低谷时帮到我,它提醒我:最害怕的事阻止了我去发现那些带给我快乐的事——那种快乐被查尔斯·舒尔茨(Charles Schultz)捕捉到的时候,他画下了活蹦乱跳、昂头挺胸的飞毛腿史努比。

还有很多别的能带给你力量的咒语可供使用。你只需找到适合自己的那个。想想自己最喜欢的一本书或一段电影语录,或者一句最喜欢的歌词。(当我在这些日子里需要动力的时候,我就想到了天命真女组合[Destiny's Child]那句:"我是个幸存者。")试试玛雅·安吉洛(Maya Angelou)的那首励志诗:"我仍将升起。"(Still I Rise)或者来自富于激情的领袖演讲中的一句话,例如,马丁·路德·金在1963年8月的演讲《我有一个梦想》(*I Have a Dream*)就是一个不错的灵感来源。试试瑜伽或冥想中的咒语,要么创造你自己的咒语。

通过写下你对分手的感受和你希望分手后自己会有的情感,你可以拥有自己的咒语。然后,用这咒语帮自己渡过难关。你也可以想想这段关系带给你的感受——愤怒、悲伤、孤独、卑微——并找到用以对抗这些感受的咒语。当你找到了自己的咒语,把它写在这里,而后每当你需要的时候,就可以翻开这一页,并把它念出来:

(在这里写下你自己的口头禅。)

____

____

____

好了,这有没有让你觉得更强大呢?

婴儿似的步伐也会让你前行

不管你如何分手，或者和谁分手，都必须去面对“我们”的终结。无论是团体中的我们，友谊中的我们，还是先前身份下的我们，都已不再。我们必须面对梦想已逝这一事实。分手意味着埋葬。关系被埋葬后，我们可以选择如何去回忆。我们应该悼念多久呢？我们会尊敬并庆祝过往的曾经吗？抑或，在它逝去之前，我们对尚未去做的那些事过于懈怠了？

虽然你可能不会在分手后的恢复中落入流沙和陷阱，但它们就是会在那里，力图让你堕落。分手后，你可能不会感觉那么好。你可能断定自己做了一个错误的决定，想要抹去最后一次谈话，好让伤害尽快消失。但在你发信息、打电话或再次出现在那个分手的地方之前——请停下来深呼吸。要知道你的计划是有根据的，所以给自己一些时间，让它们沉淀吧。

你会发现，自己开始修正现实了。你会断定自己只是没有看到弟妹的好意，或者开始相信朋友对你全部时间的占用，是她真的喜欢和你在一起。你开始觉得是自己拖累了刚与之分手的那个人——重修旧好要花费更多的时间。

或者，你会夸大自己的失落感，认为失去这个人、这份工作和这个身份正影响着你生活的方方面面。关系的了断对我们当下的生活有着巨大的影响,而我们也倾向于夸大关系在此时此刻的重要性。但我们必须记住,这段关系和随后的分手并不是我们世界里唯一的存在。

在这种情况下,你能想的是如何让自己保持忙碌。你找到依靠的团队了吗?去健身房?去上课?去度假,从你熟悉的环境中脱身?

你可以去找谁呢?找其他的朋友、你的伴侣、治疗师,或让一个新的健身计划支撑自己。转向你的日记,把自己的所思所想写下来。转向学校、工作或新的团体。确保你有可去的地方和可以转向的人。

分手后的感受方式无所谓正确或错误,只有你才能决定哪些类型的活动会帮自己前行。你或许在路上磕碰到了,或者遭遇了更大的障碍。然而,一旦你越过了分手,就会找到拥有力量和成就的全新感觉。

把每时每刻只看作时间的一个刻度,是现在,而不是永远。你在分手当天,并不一定能反映在过后的几周、几个月或几年中。只是在这样的时刻,你才有这般感受,而生活中的一切都有可能发生变化。

停下来，别再思量分手了

你不是生来就在手里攥着水晶球,所以不能准确预知你的分手会如何演进。你也许想知道,需要在多长时间内避免所有的接触,或者如果又碰见了,要如何面对。你也可能好奇,别人是如何评价你有勇气和自己的父亲断绝关系的。你会怀疑放弃高薪的工作去开始自己的事业是否明智,或者能不能找到践行新信仰的场所。

你可以为自己做的最好的事情,就是停止思考任何人以及其他的事。事实上,如果你能停止思量分手的事,那就再好不过了。也许你可以设定一个有确切时间段的暂停——或许三个月——不再去思量这段关系、如果没有分手的情况和将来会是怎样。这样一来,你就能看清自己的状况了。

的确,这事说起来容易。我不在你的头脑里,但我有自己的头脑,而且它所做的很多事,你的脑子也一样会去做。所以,当我在思考一些我不想再思考的东西的时候,就会让新的想法来占据大脑的空间。比方说,当我为结束一段友情而沮丧的时候,就去想我现在所有的好朋友。当你因为梦想的破灭而失魂落魄的时候,想想那些将由自己创造的新梦想。记起你的咒语,大音量播放你最爱听的歌,独舞起来。去看部电影，或者听听最喜欢的播客（podcast）。最重要的是，相信自己，在对的时候去做对的事情。你会有充足的时间去思考自己的下一步，所以不必为现在想不明白而心烦意乱。

被分手后的注意事项

1. 记住，分手对于主动了断关系的人也是艰难的。

2. 一段失败的关系并不会影响你作为人的价值。

3. 找到依靠。不要害怕去求助。

4. 过往的情绪会再次浮现，所以最好有一个能倾诉的人，比如治疗师或辅导者。

5. 疗愈需要时间。

6. 避免不良生活习惯麻痹你拒绝的能力，或导致负疚感。

7. 分手不都是你的错。但是看清楚发生了什么并检视自己在其中的角色，并没有害处。

第三章

变质的关系

当一种关系不再能继续下去的时候,你就会开始感到些许的厌烦,或者觉得它彻头彻尾地是有害的。关系在糟糕程度上有所不同,从平淡无聊到令人沮丧,而到了严重的时候,它们甚至是有毒害的。可以说,这些不正常的关系在给予我们的层面,一无是处。

这些关系看起来暗淡失色,因为它们在每一个可能的方面都缺少光泽。当你感觉自己下坠的时候,这个人就不再是你能依靠的了。他们不是你能倾诉的对象,在观察和行动上也不能给予你什么,而你却被迫去维持这段关系。虽然这些关系并不必然会影响你的生活能力,却可能让人恼火而且显得多余。它们会阻止你去继续寻找其他更有益的关系。尽管事实上你可能没有想过,但的确是有出路的。你可以和这些人分手。

另一方面,有些关系也需要被了断。这些关系实际上对你是有害的,它们会带来困惑,扰乱你的秩序。它们一般被称为有毒的关系，可能会让你感情枯竭，甚至受辱。

当你想到有毒这个词的时候，脑子里浮现出什么呢？一堆污秽发绿、散发出恶臭的垃圾？《毒魔复仇》（*The Toxic Avenger*），《七宝奇谋》（*The Goonies*）里的斯洛特，或某个其他电影里的怪物？抑或真的毒药？不管你在脑子里构想的是一幅怎样的图像，肯定都说不上是好的。

健康的人际关系一般包括相互尊重、赞赏、关爱，责任，以及公开、诚实和直接的交流。有毒的关系可能在开始时也有着一样的品质，但最终，它们坠入螺旋式的绝望、消极、缺乏沟通、彼此不尊重、说长道短和其他丑陋的怪态。

当关系开始变得有毒时，它能毁掉你的生活。你会不停地去想这关系到底是怎么了，或者去想在此关系中的自己。你可能会发现自己的效率受到了限制，对自己的信念有了更多的不安全感。当你的自我价值感跌入黑暗，你的自我怀疑却可能扶摇直上。你可能会学着通过关停而去弥补自己的失去。有毒的关系糟糕透顶。它们对我们真的有害，也可能是最难摆脱的。

对依赖的无理指责

如果你回头想想自己所做的一切、所有最美好的时刻和最棒的成就，就会发现其中几乎都有其他人的参与。他人可能一直伴你左右，分享你的快乐、忧伤、成功或失败。事实上，你会觉得只身一人是做不到那些事的，也过不去那些坎儿。对“陌生人的善良”的依赖，或那些最亲近的人对你的帮助，使你能自主地生活和工作。让我们面对事实吧：我们之所以过得去，都少不了朋友的帮助。

然而，建立在情感互赖[1]和反依赖上的关系会很快走下坡路。因为，这两种不同的依赖类型受限于一种不对等的动态力量。

情感互赖这个词，被用来描述力量平衡明显只受一个人制约的关系。①这样的关系不允许另一个人成为他们实际的模样。它原来是指和酗酒者的关系，但同样也能在任何关系中发生——不管那个人喝不喝酒。

基本上说来，反依赖是典型的青少年动作，他们最想要成为自己的父母无力成为的模样。它是那种“我不需要任何人”的态度，多发生在我们因过于孤独而感到不需要他人帮助的关系之中。反依赖的迹象，可能包括保持一贯正确的需要，或者为了不感到是自己错了而和所有人保持距离。②自外看来，这似乎是要显示独立，但实际上却更是一种畏惧伤害或拒绝的态度。

平衡而稳定的依赖，被称为相互依存。它的意思是说，我

1　codependency，指因供养或照顾他人而产生的情感依赖，尤指本人自信与自我价值感的丧失。——译注

们都依靠彼此，但不要太过，就这样细水长流。[3]在所有的关系中，这是最为健康的依赖类型。

学会说不

不，词轻而言重。它不仅是一个需要在关系之中练习的词，也是一个在结束关系时要知道如何使用的关键词。说来容易用起来难，尤其是我们在成长过程中知道，“**不**”只是一个在自己犯事儿的时候才用到的词。

要你忘掉自己习得的有关说“不”的种种，并非易事。你或许出于羞愧而说“是”，或许因为你内心有着自己的矛盾纠结，不想让他人失落而说“是”。也许，你相信自己能把事情搞定，而不是匆匆说一个“不”字就“走人”。但说“不”并不就是逃避什么，而是捍卫自己的力量和立场。

说“不”会是极具挑战性的，但只要你想到随之而来的好处——更少的压力、更多的机会、个人成长、发展以及自我保护——就知道学习使用这个小巧而非凡的词的价值所在了。为了争取到更多说“是”的空间，我们需要有说“不”的能力。这个说法虽听起来绕口，但的确为大胆说“是”打开了一扇门！

> 我之所以如此重视“不”，部分原因在于，它为诚实的“是”创造了空间。而且，如果你不能诚实地说“不”，就会被裹挟着去说“是”了。
>
> ——玛西娅·巴克奇斯基，
>
> www. askingforwhatyouwant. com

当你想说“不”却说了“是”的时候，你会感觉自己被强迫去做了不情愿的事。这种感觉可不好。比如，出于对自己教会的支持，你同意去散发宣传册，但你已经不再同意前者的所作所为。所以，虽然这对你的教派来说是件好事，但你却是在帮助宣扬自己并不确信的信念。不论你是迫于压力去随大流，还是生来本就平易可亲，如果你不能在关系中说“不”，就将不能肯定自己。

在实际使用“不”之前，你可以练习去说这个词。事实上，你可以想想某些自己并不真正地融入却在容忍的事，并把它用在自己的生活里。巴克奇斯基说：“有时甚至不是在字面上说‘不’，而只是去应对那些惹火你的事——比如一个嘎吱作响的抽屉。这关乎你自己的舒适感、幸福和快乐。”

也有别样的说“不”的方式，像“现在不行”或“我不同意”。你总可以说自己在生活的某个时刻做不了什么（要想额外加入些许的遗憾，还可以从“我很抱歉”开始）。在说过“不”之后，你也不欠谁一个解释。所以，当你还是选择去做一个解释的时候，务必要小心谨慎。解释，为那些想要改变你否定态度的人开了绿灯。但不管你说什么,你都要做到坚定和始终如一。

一旦学会了说“不”,你会发现“不”是你所知道的词中最具解放性的。不是吗?

是什么让关系变得有毒?

有很多糟糕的关系,它们并没有明显的标签。但对有毒的关系的定义却是实际的,它指那种在两个或更多人之间的危险而不正常的关系。不同于失调的或其他任何名存实亡的关系,处在有毒的关系之中,于身体或情感都是不安全的。它把负面的情绪带到了极致。然而,在有毒的和失调的关系之中,都有那种恒常不变或被常态化了的消极行为。这些行为包括(而不仅限于)妒忌、侮辱、贬低和歇斯底里的表现。它们涉及控制、支配、自恋和心神不宁,而这些在情感上,甚至可能在身体方面都是有害的。在这些关系中,普遍存在着对每个人所扮演角色的期待上的不平等——例如,一方给予,而另一方索取。

有毒的关系极大地影响着我们。它们会影响我们的心智,让我们不住地问自己究竟在做什么,问自己是谁。因为,我们的直觉告诉我们的是一种情状,而大脑却在说着另一种(提示:永远跟随你的直觉)。当有人说我们疯了、错了或独自挺不过去的时候，我们的自信心就会受到影响。而且，因为我们为这种关系而过度紧张，就更能看到毒性的切实表现。我们可能会高烧不退或者抑郁不振。很多天里我们都会赖在床上，因为这关系影响到了我们的思考、工作和私人生活。我们还会为没能忠于自我而开始厌恶自己，尤其当我们认为自己妥协了价值和信念的时候。

警告：有毒的关系

如果你还在寻思有毒的关系是什么样的，这里就是一些例子。

1. 贬低你的付出，说你的想法是“不务正业”的商业合作伙伴。

2. 对你妒火中烧，说三道四来损害你名声的朋友。

3. 在大部分或全部时间里让你感到糟糕的关系。

4. 用撒谎和操控的方式，让你和朋友或其他家庭成员产生隔阂的家庭成员。

5. 粗暴批评你的朋友或家庭成员。他们会说这样的话：“你这么不上进，永远别想有什么成就。”

6. 在与一个家庭成员之间的关系中，你不被允许成为自己、以真实的自我去行动。

7. 一位总是必须显得正确而且视你所说的一切都错的朋友。

8. 让你所有的能量都坠入上述所列的关系中，让你感觉被榨干的关系。

真实的分手

待在有毒的关系里，我被迫放弃了自我的很多重要的方面或把它们搁置起来。它同样意味着，由于那些人的嫉妒心和需求，我要忽视和其他朋友的重要关系。他们不仅控制欲强，对我还极其挑剔。最糟糕的是，我开始怀疑自己，而且认为主要是我的错。

——艾琳

不健康的关系类型

一种关系并不见得有毒才不再是健康的关系。任何一种不允许我们欣赏自我的关系，都可能需要转变。无论有毒与否，这些不称心的关系都可能关乎很多事情，那种使我们不能与时（或与己）俱进的商业合作关系就是其中一种。这种关系还可能牵涉到我们的父母,他们因我们以成人的姿态做出了他们所不同意的决定而惩罚我们。如果你想要改变,而那种关系却拖累着你,那么继续维系它就会让人变得愈加沮丧。

即使以上这些例子没有言中你的不称心的关系,但如果有人让你质疑自己是否头脑清醒,让你感到自我封闭而不是愿意和人交流,或者以任何方式让你觉得糟糕、当着他人的面给你难堪,东躲西藏,抑或不让你做自己,你都要当心了。

至少两个人才能构成关系,所以即使你不把自己看作关系中的有毒部分,也要掌控你的角色。使关系彻底垮掉的,是你们两个人之间的某种动态的牵系。糟糕的关系有其强度范围,在程度上也能显示出各自的差别。事实上,当你读到这里的时候,甚至可能会发现你那些非有毒关系中的毒性。如果这些消极的交互只是偶尔发生,大可不必担心。但当它们是以持续不断的方式牵连着你,就是时候去挣脱束缚了。

如果你能在如下关系中认出你的叔叔、你最亲近的朋友、你的健身房教练,或者任何其他人——是时候考虑改变了。

“自我中心”的关系

普遍来讲,一切只考虑到“我”而非“我们”的关系,充斥着相当多的自恋,而且缺乏协作。那个“关系用户”(吸收了关系之中所有能量的人)以某种方式使整个关系都服从于一己的需求、问题和方案。

让这种单边的关系类型成为可能并不难。想想你曾经被迫或被利用去做的那些自己感到不开心的事吧。它可能是在一次大考之前出去泡吧,或者每次想见你最好的朋友的时候,都要陪她的男朋友去逛街;可能是你受雇去做一项具体的工作,但你的老板却安排你去做了别的事(而这些并不在约定的工作范畴中);甚至可能是,你不再想在镜子里看到身为一个女人的自己,但当你变性为男性的时候,你的家人却拒绝承认。

这些关系会是非常苛刻的。你的父母可能会要求你随叫随到,一如24小时营业的丹尼斯(Denny's)。他们同样会怀有这样的期待:为了满足"用户"的需要,你会毫不犹豫地立即放下手头的一切。或许,你并不觉得自己有力去改变现状,但你有权利去掌控自己的生活。

> 解药:解除这一类的关系,你可能需要断绝他们的需求,告诉他们你如何满足不了这些需求。

我有过一个朋友,一旦她称你为"好朋友",就会期待你为她放下所有的事——无论什么情况。当她需要我的时候,如果我不在场,就会觉得自己似乎做错了什么。可以说,这种关系让人在心理上疲惫不堪,也会制造很多的焦虑。

最终,我还是结束了这段关系。我告诉她,我成为不了她需要我成为的样子,也不想让她再度失望(再一次,我说到的是她)。虽然这让她气不打一处来——毕竟她相信我是**那个**朋友——但我们还是成了彼此相熟的人。然而,我不得不放弃她,因为这样一来她就不会依赖我,让我去填补她生活里的空虚了。我不确定她是否最终找到了自己所寻求的东西,但希望她知道,不论那是什么,都与别人无关。为了和别的"我们"分享"我",我退了一步去找回了自己。

爱争辩的关系

这种关系里面,除了争斗,别无其他。但和《搏击俱乐部》(*Fight Club*)不一样,在这种类型的关系中发生的事,好像从不会发生在他们之间。在和爱情无关的关系中,争吵过后不会有让你们感觉好一点的性行为来弥补。争吵可能会小到有史以来最好的电影(当然非《公主新娘》[*The Princess Bride*]莫属了)是哪一部,或者大到是否该为你父亲实施终极生命关怀。在这样的关系中,你们能完全合拍的只有一件事:你们总是意见相左。

如果每次你说出自己的感受,某人都让你陷入慌乱紧张的境地,那么就可能是时候结束这种精神错乱了。你发现,各个不同的朋友群体中都有这种类型的关系,其中并不是每个人都受他人欢迎(想想《贱女孩》[*Mean Girls*]这部电影吧)。在类似的情形下,如果它不停地发生,而不只是在生活中的大事(如葬礼或婚礼)发生之际、情感被放大之时,就更可能成为棘手的问题。在错误选择的商业伙伴关系中,你同样会发现此情形。或者,每次你见到自己的邻居,都会为了猫猫狗狗的小事(字面意思)而争吵不休。

解药:了断这种类型的关系,你可能需要说得极其明白:你不会继续以愤怒来交流了。

无论是因为他们住在隔壁,是你的直系亲属,还是你和他们共事,你不能总是轻松地和与自己意见相左的某个人各走各的路。但是,如果在你的生活中,有人让你怒不能忍,那就是时候清算这份关系了。

试着给他们写一封邮件,寻求一种共同的解决方案——你们两个能于其中协力去改变彼此交往的方式。或许,为了相安无事,你可以提出一系列双方都能遵守的“规则”。或许你也会同意这样的说法:每次当你们感到愤怒的时候,就远离彼此,然后花上24小时把事情想明白,你们就可以重整旗鼓,不带着那么多愤怒和受伤的心绪来看待自己的境况了。

虚假的关系

这种关系充满了消极的否定,是不折不扣的沮丧制造者。此中可能有一个对你或对其他一切事从不会表达正面意见的人。在工作关系中,老板可能会把你安排在一个有权的位置,而后却否定你的决策。在家庭关系中,你同样会碰到这样的情况。比如,你筹划了一次家庭聚会,但你的妹妹却告诉你,让她来筹划会更好些。对任何关系而言,它都意味着,无论你做怎样的决定,都不是正确的选择。

和那种总认为你会做得更好或变得更好的人在一起,会让人抓狂。他们可能当着别人的面给你难堪,或者在你们单独相处的时候使你消沉。他们会批评你所有的行动,质疑你所有的意向,让你去评断那些不需要评断的是是非非。有他们在场的时候,你会感到自己被评价、感到窒息、遭受苛求。虽然你不需要他们的指点去变成更好的人,但他们毕竟指点了你。如果他们让你感到自己一无是处,那你就必须学会自己去摆平。

> 解药:要离断这种关系,得尝试着以善良去对待。即便他们告诉你,离开了他们你不可能成事,你也要保持积极,继续前进。

在生活中,你无处不发现这样消极的人。他(她)可能是你交际圈里的人,甚至可能是你每天早起上班前碰到的那个咖啡师,或是不想让你为自己着想的最好的朋友,认为他们比你更了解你的需求的父母。如果某个人总是把你拉下水——即使是以戏谑的方式,那你就必须去改变。

在这些情况下,在决意去了断之前,你要找到自己的口头禅。去找那些相信你而且能让你感到自信的人,和他们聊一聊。为了抵御所有的消极影响,你也可以列一张表,写下生活中积极的方面。

负罪感关系

这种关系在主要监护人和他们的后代之间尤为典型。具有负罪感的关系,不在于沟通不畅;相反,它们更关乎潜在的交流。这意味着,他人潜在地对你有所求,一旦你不能满足要求,就是在对他们的生活施加消极影响。他们利用紧密的情感纽带为你制造了责任。

> 解药:要解除这种类型的关系,你要愿意去放弃任何造就了它的人。因为它利用了负罪感或责任感去控制你的所作所为,彻底的离断就是你和自己重连的方式。

在经历这种类型关系的离断时,心理疗愈会有切实的帮助。它不仅能帮你彻底了解自身的处境,还能为你和"责任"断联而继续前行提供很多方式,而且不为自己有这样了断的想法感到内疚。

反身压服型关系

在这种关系中,那个人实际上并不会了解你的感受,因为他们太在乎被倾听了。当你向他们解释他们如何伤害了你的时候,他们会揉碎你的话,摆出自己的所思所想。而后,他们背身而去,倒好像是你伤害了他们似的。他们会在你表达自己的感受时大惊小怪,或者整个儿把事情撇开而忽视你说的话。在这样的关系中,你时常发现自己在道歉,或是用自己的感受去安慰你的同伴。你紧张地去照顾每一个人,唯独忽视了自己。

> 解药:了断这种类型的关系,你要确保自己被倾听。让他们重复你刚说过的话(也重复他们自己的话),这样就能保证交流之中的言语不会迷失不见了。

你会发现,在这种和父母、兄弟姐妹或其他人的关系中,你和他们之间有着长时间的交流不畅。一个不愿在失败的商业合作中承担责任的合伙人,是这种关系有疾而终的另一个例子。每当你试图在一个团体中做一些与之背道而驰的事——比如,发表和团体的“宗旨”相左的意见或表达对其中成员的不满,你的团体就会觉得需要改变的是你,而不是他们的观念或其他成员。

让你满腹猜疑的关系

在这样的关系中,言语和行为是分裂的。你指望不了对方,因为他们本身就不可靠。在变化莫测的情境里,你感到不安,不知道自己处在什么位置。你会怀疑自己做错了什么或者觉得自己本可以不那么做。这是另一种让你质疑自己的关系,即便你十分确定正在发生的一切并不对。

> 解药:要了断这种关系,你需要有开放的心态,去听听故事的另一面。即使你不相信他们,也要让他们感到被倾听。或许事情真的会有转机,或许你可能真的做了什么伤害他们的事。如果他们的理由合情合理,那么你们双方都需要去找一种更好的沟通方式。如果他们提出的理由更多是为了控制和左右你,那么你要干净彻底地了断。在自己这边要有准备,或者至少不要再为了他们的说辞和他们牵扯不清,要试着在不失尊严和对彼此尊重的前提下了断关系。

比方说，你计划好和自己最好的朋友相聚吃午饭，而她出于不明的原因在最后的时刻取消了约定。而且，这不是她第一次在最后一刻放你的鸽子了。或者，你的妈妈告诉你她会在每个周六去照看你的孩子，但每逢周六都找不到她的影子。依关系的纠葛程度的差别，你或许能够远离他们。但如果你和他们已相熟多年，或者在过去一直依赖着他们，那么就需要表达些什么去阻断恶性循环，或者结束这样的关系。

虽然这些关系并不必然是导致你机能紊乱的征象，但它们肯定是恼人的。莫测的行为一般不会出现在关系开始的阶段，而多发生在信任已经建立起来以后。尽管如此，它还是会让你感到困扰，不知道那个人究竟“可信赖度”有多少。不可预测的行为不只令人感到恶心，还会在关系中吸食掉你的生活。

估量你不快乐的程度

或许你所拥有的关系并不符合如上这些描述，或许它符合其中不止一种。关键是，如果你正处于其中的关系让你感觉自己在喝毒药，那么你很可能处在一种有毒的关系中，而且所有的视而不见都于改变无益。所以，不要再伪装了，改变吧！

改变一种关系的更好方式，是首先改变你自己，和现在的你了断，去打造你想成为的模样。当你开始重塑自己的时候，或许会有其他人的加入。如果他们不愿参与其中,那么你就能看清问题持续恶化的所在,而后你可以更明确地去界定这种了断了。

底线在于,如果你因为他(或她)生气、抱怨、愤怒、乱发一通信息直到你改变想法,或者对你玩消失、和别人讲你的坏话,于是你不能够拒绝他们的话,那就是时候反省一下你在这关系中的角色了。既然你的身心已经不在这段关系中,就是时候跳脱出来了。

要是你认为关系对你而言不公平,它很可能就是不公平的。

为什么说结束一段糟糕的关系是个好主意

糟糕的关系不能帮助你成长(即使他们在过去确实让你活了下来)。但并不是说,一种不健康或有失积极的关系,不能满足你的一些需求。所有关系都有它们的益处。在你了断之前,务必明确你要从哪些具体的方面跳脱出来。列出你一直以来留在这关系中的理由。例如,虽然你的老板像你父母那样对你出言不逊,但却会出奇地让你感到欣慰。你没能满足父母想让你生孩子的愿望,但和你最好的朋友的孩子出去玩的体验,却不让你感到那么地有负罪感了。或许是,你因从属于某个团体而不得不在每个周日的早晨忙点什么，而你正好喜欢有处可去。一旦你想明白要从中跳脱的是什么，就会清楚拿什么去补偿那些"具体的"方面。

你同样会找到同情生活中有毒的那些人的方式。这并不意味着你要向他们的不安全感屈服，而是在于，毒性通常都来自一种不配得到爱的感受，或来自没有谁会为他们挺身而出的感受。对有毒的人来说，自恋、消极、挑剔、控制欲、傲慢和沮丧，绝对是问题的一部分，但他们通常有更大的问题需要去面对。

了断，或者谈及了断，都会有助于解决问题或直面后果。和有毒的关系达成和解并不是完全无望的；然而，不首先和它了断就不能离开这恶性循环。奇怪的是，如果你要挽回他们，先撇开那些纠缠不清的东西会给你更好的机会。不再徘徊，不再为他们的火势加油，会让你得到他们更多的尊重，你也会有更大的力量。如果你不离开这种关系，有毒的人就会以为他们总能对你虚张声势。

了断关系后，给自己一个或三个月的时间，然后再考虑是否联系他们。如果你选择复合，或许应该在首次见面的时候，列一个你希望继续这关系的简略明细，其中有你对继续关系的期待，它会帮助你去关注事项的解决。如果了断的尝试或事项的明细没有奏效，你还说不出分手，那么你总能去限制你们在一起的时间。

即便是花有限的时间去相处，也不见得是完美的解决方案。改变和了断，都不会是特别简单的，但你在了断过后会活得更明白。去寻求帮助，让自己沉浸在积极之中，从而摆脱那些在生活中阻碍你的消极力量。你可以预见斗争将一直延续到最后，所以如果可以，准备好让自己以爱和善良去战斗吧！

言归正传，只有你——以及那个你与之了断的人——知道关系终结的原因。你没有必要告诉每一个人这关系有毒。但如果你感觉自己在关系中像是一个奴仆，那么就是时候成为你世界的主人了。

做你自己的毒性复仇者。

被分手后的注意事项

1. 一种不健康的关系之中要有两个（或更多）人的参与，所以，虽然你在解决问题上扮演着重要的角色，他人也知道他们需要掌控自己的角色。

2. 尝试真正地去倾听他人对关系症结的看法，这样，你能更好地发现享受和他人的关系的方式。

3. 不要抗拒关系的了断。它或许是实际上改变关系的最好方式。

4. 反思那些让你以自己的方式行动的因素。你所扮演的角色是否多少让自己觉得欣慰呢？

5. 珍惜从关系中学习的机会，对他人的气量和尊重心存感激。

6. 你也会安然无恙的。

第四章

了断 VS 出离(你需要吗?)

关系就像玻璃。有时,与其尝试去拼接而伤害到自己,倒不如让它碎在那里。

——无名氏

只是说及“了断”这个词,就能给一个人带来很多的不安。一种关系的例行日常,通常是舒适而熟悉的。在生活中,比起去甩掉一个烂摊子,知道自己有这种安全感会是一种更好的感受。再说,去结束你曾经于其中感到舒适或激动的关系,是复杂的,会让你陷入压力,让你费心伤神。

想到你要结束某种永远不再会有或者永远不想再有的东西,会耗费你很多的心力。但真到了你准备离开或想停下来休息的时候,你应该已经沉淀了自己的挫败感,有了一张不可让步的简明事项清单,而且考虑好了你能拿什么过活,以及你愿意失去什么。你甚至可以为自己画下一个回头的时间轴(不论那个人知道与否),虽然情况可能并不会有什么起色。

或者,你可能觉得自己还没准备好,需要一些时间,以便和那个人回到理解和同情的轨道上来。

有时候,我们认为短时间的出离会让自己看得更清楚,也更容易想明白关系的边界,而不至于走到了断的极端。对那些需要的人来说,短暂的出离的确能改善关系。

了断,或只是出离?

了断和出离之间的截然区别在于时间线。在你决定了断之际,时间就是一个无尽的数字。你不会计划在两周甚至两年之内再聚会聊天。即使你真真切切地希望你们能和解,这里面也不存在对或早或晚的“聚会”的期待。你开始筹划没有那个人存在的生活。如果你结束的是一种商业关系,就会着手考虑下一个目标。如果是从一个团体中跳脱出来,你会想单打独斗些日子,或者再去找一群志同道合的人。换作是和最好的朋友分手,你会删掉社交媒体上的照片,把你们共同的过往封存起来。就分手来说,你不会设定一个保持距离的时间段。它甚至不是一种可能性,因为考虑保持距离的时间对分手而言不啻为一种损害。分手意味着,你会为关系的结束感到痛惜,以便能够继续前行。

另一方面,刻意的出离意味着为改变画一道时间线,对存在于不久的将来的一个机会做出口头许诺,而这也将成为过去。你不必像在关系了断后那样,为翻篇儿继续前行而去做筹划。在出离的情况中,你们将在设定的一段时间里分开,而后在一个约定的日期去谈论关系的过去,以及它将来的状况。

出离的发生出于各种原因。也许是因为你在当下的生活中承受了太多,不能去面对这个人或这种情况。你想要和他们维持关系,但却必须在其他事务上投入时间。当他们对你的需要成了你自己需要的阻碍时,关系的出离就可以就位了。

有时候,为了使关系重生,你所需要做的全部就是尝试出离。它会提醒你,你实际上有多么喜欢一个人,也会让你意识到自己一时忘了去感激他们。例如,你喜欢一种特殊的健身训练,但它却变得枯燥乏味,因为每周都是同样的套路。所以,你暂时离开了那个教练,直到对训练恢复了新鲜感。

你选择了出离,或许因为不是真的想结束,但是你不能带着不舍的激情去了断。也许,你和你最好的朋友在过去两年中一直为她的男朋友而争吵不休,或者你和你的妈妈都知道你们彼此爱着对方,但你需要一些空间从一成不变中跳脱。你出离了,以便自己能和这份关系保持足够远的距离,带着更强的自我去回归。

有些时候,了断会变成出离,而出离又演变成了了断。不论你选择了断还是出离,你都不能预料它实际上将如何结束或重新开始——不论你如何努力。

不是所有的了断都是永远

即使你全心去保持了断的状态，了断也可能因为不受你掌控的力量而变成间断。一些关系由于死亡、婚姻或其他改变生活的大事而被挽回。在我和最好的朋友因为一个男生分手后，我想找一种方式去和解，我们最终因为她的爱猫死于心力衰竭这件事而和好如初。

在过去几十年里，我曾和几个朋友，还有两个“最好的”朋友分手。在几乎所有的情况下，我们都在某个时间点又搭上了话。

断离中的三个 R

在你决定重归于好之前，确保你已经重新考量过断离中的三个 R。

重新估量（Reassess）：再次考量你们的关系。你想在这关系中重走一遭吗？

重新评价（Reevaluate）：从利和弊两个方面权衡关系。什么是还有余地的？什么没有？尝试去挽救值得吗？

重新调整（Realign）：你们能在一起找到一种折中方案吗？

事实上,那两个最好的朋友,如今我和其中一个的关系非常紧密(现在我们之间的关系更清楚明白了),和另一个朋友是偶尔联系。后一个朋友,我们在高中同学聚会上分手以后将近十年才说话。前一种情况感觉像间断,后一种却肯定是了断。

无论了断还是间断,我和他们分手时,并不知道结果会是哪一种。实际上,他们当时都觉得我们彻底分手了。而那段变为间断的关系是这个情况:

艾丽是我的前室友,我最亲近的女性朋友。因为一个会成为我未来的男友(现在是前男友了)的男生,她误解了我,结束了我们之间的关系。直到我和这个男生待了一整夜(凌乱不堪的一夜)后,我才发现,她其实是喜欢他的。(那时,她正在另一个地方和另一个男生亲热。)但事情很快发展到糟糕的境地。

在我知道发生了什么之前,艾丽已经把我给抹掉了。她给我发了一封绝交邮件,让我感觉自己就是一个可怕的人类。我不能和她说话,不是因为没有尝试去说,而是她不想再和我有任何瓜葛。接下来的9个月里,我撤回到自己疯狂的世界,活在持续的混沌中。

当一切结束的时候,我还不知道怎么去应对永远不再做朋友的情况。我们有很多共同的好友,所以见到彼此在所难免。除此之外,在这一片混沌当中,我们还定下了一次假期旅行。因为牵涉到另外一个朋友,加上我们两个都很固执,于是就决定无论如何都要共度这个假期。我们三个为完成旅行计划做了足够多的交流,也最终完成了这次旅行。很可能是因为这次让人放松不起来的热带海岛假期之旅,我们过后又不再说话了。即使知道我会出现在有我们共同朋友参与的聚会,艾丽也没有再露面。

我希望艾丽和我能找一个时间和地点重归于好。但当我问朋友们我能做什么的时候,他们说我需要给她空间。于是我就给了她空间。而后有一天,她 5 岁大的猫咪因为心力衰竭意外地死了。我想打电话安慰她,我们共同的朋友却不建议我去这么做。我想听他们的话,尊重她,但也想知道她的情况。于是我发信息给她,问她是否可以接电话,她同意了。实际上,自那以后的几个月里,她是愿意让我联系她的。几个电话过后,我们才开始说到我们之间分手的原因。而一旦走到了这个点,我们就可以有更好的进展,并重新找回对彼此的尊重。

这次关系的离断,同样让我们有机会交流自己的问题。因为我们都一心投入想要重新拥抱彼此的关系,所以就能带着更深的同情去倾听对方。我们谈到了她当初对我的残忍,谈到了她认为我对她做过的不好的事。我们同意,在这样的行为重新出现在我们的关系中时,要彼此监督。这次离断,让我们拥有了自己的平衡体系。时至今日,它仍能在我们遭遇障碍时助我们渡过难关。我们可以理性交流,坦诚相待,而且能够在需要对方的时候发出请求。因为我们知道没有对方的存在会是怎样，所以就有意地选择保持联系。

了断，或只是出离？

“我在关系中的出离到头来总归于了断。我是那种焦头烂额型的，不给自己留后路的人。”

“我从未选择出离。关系何时需要做出改变，总是很清晰的。了断并不总是意味着对关系的任何部分的终结，它是发展的。话虽这么说，有一些断离确实是永别。而只有一次——我看到某人拿关系的概念较真，我腾挪出了空间，拉伸了时间，让彼此拥有足够的自由，借此我们又重归于好了。”

“如果你必须来一次出离，那么就可以让它这么断下去。”

“这取决于你对关系边界的明晰程度。我认为，很多人需要出离，原因在于，我们想要试探一下没有那个人在场会是怎样，这样一来我们就能选择对于新的关系而言合适的边界——如果存在着新关系的可能性。我觉得出离是设定新的边界的第一步。”

出离为何奏效?

当你真的不想去了断,而只是需要一次重新开始的机会时,出离不失为一个好的选择。如果你确定在生活中需要这个人(至少在某种程度上),出离几乎肯定是有用的。如果你还不确定,那么为了明确起见也需要出离。

出离并不会在所有的关系中发挥作用,但就一些关系来说还是有用的。而且,既然你已经跌至谷底,就可以从容地观察,看是否存在让关系重新回升的可能性。

然而,如果你确定自己想要的就是了断,那么最好不要再考虑和解的方式。但是,即使了断最终成了出离,这出离和了断也会是重新对关系做出评价的机会,而且可以决定你们的关系在将来是什么样的形态。

事实上,在我对亲近好友做的一份非科学的调查中,他们大部分都同意,爱情关系的了断是为了各自的好。但当了断发生在非爱情关系中时,他们有时候会发现,自己真正想要的无非是一时的出离。这也许是因为,在后者中不存在实际的性关系。当一种关系无关乎性的时候,就好似为谅解腾出了更多的空间。

出离是有用的,因为它们是重新评价关系的机会。它们给予我们时间，让我们重新去考量与之出离的是什么，什么又是我们所需要的。它们允许我们重组自身的价值，以便能够决定是否真的可以找到中间立场。

一种变形为出离的了断，意味着你们双方都决定了，最好找到一种方式让关系继续，而不是撇开这关系。这意味着，你们在有意识地做出决定，要给彼此第二次机会。而因为你们都有这样的念想，就会更有兴趣在关系中投入时间。它意味着，你们将会把身心安放在合适的位置。

出离也会有助于设立明确的边界，使关系更好地向前发展，更容易在将来把控关系的方向。而且，如果你决定延续一段关系，并且把它从了断转为出离，你就会获得对这关系的洞察。

把它想象成春假吧。在返校、回去工作或担负其他责任之前，年轻人把春假当作放松和“疯狂”的机会。给你的关系放一个“春假”，可以给你必要的时间来个大扫除。出离，是你们重归于好，并感到彼此之间的关系重焕新生的一种方式。

在积极的点上

积极的点，这个短语被用来描述在遭受了倒霉事之后的积极的收尾。伊利诺伊州立大学的研究员桑德拉·梅茨、威廉·R.库帕克和理查德·A.贝洛维克发现，如果关系在一个积极的点上结束，就会拥有更好的和解机会。[1]在你分手之后，一个积极的点会祝福他们好运，告诉他们你会永远在心中给他们留下位置。或者，它会让他们知道，你希望他们找到真正的幸福和内心的平静。

在他们的研究“太爱你，以至于不曾对你心生爱意”中，梅莰和其同事们专注于人们了断爱情关系的种种方式。这个团队发现，通过在积极的点上结束一段恋情，你们会更有机会在日后重归于好。

他们研究了人们所使用的一系列技巧（包括让步、在积极的点上结束、操纵以及直接地交流），而后发现，在了断关系的时候，当事人越是善良，分手就越顺利。而且，如果他们在爱情关系结束前还是朋友，那么一种积极的氛围就会对他们未来的关系产生直接的影响。这种氛围还意味着，他们很有可能再成为朋友。

这个团队同样研究了交流的发生方式。是面对面交流，还是对另一方躲避（也被称为远距离暗示）？经发现，分手时所使用的技巧以及交谈的方式对日后和旧爱如何复合起着决定性的作用。

结果如何？虽然，对于做出了断的人而言，最难不过对关系的探讨，但这对被了断的一方来说是最好的。诚然，面对面去分手的人，可能要忍受由对方引起的愤怒和罪恶感。这反过来可能会减缓分手的进程，但也表示了对被分手一方尊重的程度。远距离的暗示则被视为自私，它只优先考虑了一个人对自由的需求，实际上却贬损了另一个人。

归根结底，面对面地交流不仅被认为是一种积极的策略，同样为最好的解决方案留下了余地。除了给予被分手一方被倾听的机会之外,它还实现了真正的关怀。

问题的重点是:你如何选择去了断关系,能够决定它在将来是否有所成就。所以,如果你确实对出离还是了断不置可否,那么就面对面地去交流你们的关系,并且在一个积极的点上结束对话。这样一来,你会在将来获得最大的成功机会。

权衡利弊

了断就像是一场车祸。起先,你不太确定刚刚发生了什么。在头脑完全从烟雾和残骸中清醒过来之前,你需要从那个情境中脱离。只有当你恢复后,才可能看清损伤的情形,以及是否还值得补救。

在等着去弄明白损失大小的时候,你会想到所有的原因(是谁的错,本可以如何避免,如何做本可以安全无事)。重归于好有其原因,继续分开也可能会有充分的理由。断离是自我评价的好时机。即便不是由你了断的关系,花时间去理解它是如何发生的,也能把这关系和你处事的方式拉进自己的视野中。它会让你有机会去审视自己,看到自己在这关系的了断中所扮演的角色。或许你不会喜欢自己的所作所为和反应,而且会看到自我中需要修正的一些丑陋的方面。

当你在考虑是否回归到关系中时,权衡了断和出离之间的利与弊,是非常重要的。

权衡对比:

出离:你将拥有新的视野。

了断:但要去挽救过去可能为时已晚。

出离:出离是一种让你重获自我的好机会。

了断:自我固然事大,但涉险进入无依无求的境地,对你的个人成长和发展来说会是有害的。在关系结束后,确保不让自己陷入完全的孤立是非常重要的。

出离:从一段关系中出离,能够帮助你们一同成长,对你们的个人成长也有助益。

了断:你们可以各自分头成长。

出离:关系不再会像先前那样。它很有希望变得更好,你也会觉得它更加可靠。

了断:完全领教某个人的冥顽不灵是不现实的。去明白你不能改变这关系,是一种困难的觉悟。

出离:如果你们离开了彼此就不能生活,而且都愿意和好,那就意味着,这段关系之所以让人感到必要是有其重要原因的。

了断:情况可能是,另一方只是怀念你曾经对他们的付出。

而他们只是想利用你满足自己的需求，才想着弥合关系。你们双方可能过于互相依赖了。

现在是时候去列出你自己的清单了。在你的关系中，了断和出离之间的利与弊又是什么呢？

在此期间

无论你们和好与否，你都需要去决定在此期间自己需要去做些什么。举例说，你是否仍在特定的事情上和你的妹妹有交集，比如在关系到你们母亲恶化的健康状况的时候，或者，你们只是在母亲行将离世的时候才和彼此说话？如果你和先前的商业合作伙伴还有账没有算清，是你们两个人共同处理，还是一个人去关照那些细节呢？如果你最好的朋友受到了你们先前常去的教堂的嘉誉，你仍会去那里参加仪式吗，还是只在自己家中举办私人的仪式为她庆祝呢？

当牵涉社交媒体上悬而未决的关系时，你又会怎么做呢？你会打算把他们从脸书上抹去，还是让他们静静地待在被取消关注的地方？

无论你做何决定，在了断之前，这些事就是你可能要去考虑的，尤其是如果你觉得关系处于“悬而未决”或“错综复杂”的状态时。就像一位脸书上的好友迈克尔告诉我的那样:“我把我妹妹暂时列在了受限的名单上,而没有告诉她为什么。”(她发表了一些麻木迟钝的内容。)“让我感到伤心的是,她为此变得坐立不安,而且彻底和我解除了朋友关系。所以,话务必要说出来。”

有时候,关系会被出离带回,有时则不然。但不管怎样,这都是改善和成长的重要机会。它让你从关系的里里外外去关注自身,也让你关注其他的关系。而且,这还是一个契机,决定什么对你来说是真正重要的。

被分手后的注意事项

想把它当做出离,而不是了断吗?

1. 后撤。在他们和你分开后,不要发信息、打电话或是发送私人消息。就让他们走吧。

2. 享受分离的时光。利用这一段时间去全面地观察。它会让你看到自己在关系中的位置,同样也能真正地评价这关系是否是你想去重新考虑的。

3. 不要乞求。适得其反的是,乞求不会招致同情。你并不是在寻找一个同情聚会。你是要找到成为这个人生活的一部分的方式。

4. 关注你自己。就如另一方已经花时间去关注了他们的需求那样,现在你也有看清这关系的自由了。关注你自己生活中的需求。

5. 考虑改变。在分手前,对变得越来越糟的关系,可能就已经有很多的暗示或明显的迹象。在此关系中,你需要做出怎样的改变?你愿意去做出这些改变吗?

6. 不做受气包。那种对你的行为或为人横加限制,以便让你陪伴左右的关系,你无需介入。虽然改变坏习惯是重要的,但不能做自己,对你而言也是无益。

第五章

情谊不再的最好朋友

友谊就像是玻璃饰品，一旦碎裂，就很难以完全一样的方式被重圆。

——查尔斯·金斯利[1]

你不会在初涉一份友情的时候就想着它结束，更不用说可怕地结束了。就大部分时间而言，友谊的开始都标志着双方世界里最美好的事。它提供了一个机会，其中有关乎另一个人的亲密、愚蠢、诚实、甜蜜、愤怒、丑陋和深邃，而没有所有性方面的棘手问题。友谊无需坠入爱河，却是历练爱的契机。它同样是一个学习去成长、上升和分离的生命课程的机会。友谊时常变化，或者消失不见。有时，它们也无疾而终，或者被人为地结束。

1 查尔斯·金斯利(Charles Kingsley,1819—1875)，英国作家，著有长篇小说《酵母》《阿尔顿·洛克》等作品。——编注对于那些在时间中自然而终的友情，我们不会去想太多。我们改变了、成长了、成家立业或者搬去了不同的城市，这些我们都能接受。我们关注自己的新生活和新事业，而且因为我们的兴趣不再有交集，我们结交了更有认同感的新朋友。去接受那些失败的或褪去的友情，并不是难事。

事关友情，要理解我们拥有着选择权并不简单。但我们确实可以选择。我们可以置身其中，也可以退身其外。我们有选择去结束一份友情的权利，而做出这样的选择会给予我们力量。并不只有陷在关系日常中的情侣们，才开始发觉他们的关系陷入了困境。总会有解决的办法，尤其是当我们在关系之中感觉被利用、贬低或感到乏味的时候。做出明确的选择去结束一段友情，可以标示出你在生活中感到的变化。它能让你知道自己拥有什么，掌控着什么。

谁对谁做了什么，并不重要；当你需要去终结友谊的时候，通常是很糟糕的情况。而且，这友谊持续越久，了断起来就更可能是一场离奇的演出——关乎勇气或险恶的演出。但人生苦短，不能让一段友情把你拖垮。

好朋友/坏朋友

就像刷牙、健身和吃素一样，好的友谊对健康长寿的生命而言是很重要的。好朋友是那种忠实可靠的人,他们为你分担苦忧,是可敬的倾听者,而且不会在背后说你的闲话。研究表明,我们在生活中需要这样类型的人。总的来说,有着牢固社交网络的人会活得更久——尤其是在罹患过癌症或心脏病等病症之后。[①]牢固的社交支持同样有助于降低血压,促进大脑健康,延缓身体衰老,并提升我们应对压力的能力。[②]

糟糕的友谊恰恰相反,这一点也没什么奇怪的。它损耗你、撕碎你,甚至让你饭量大增。[③]

消极的社交同样会在其他方面影响我们的健康。加州大学洛杉矶分校药学院在2011年的一项研究中发现,消极的社交会增加炎症反应的程度——产生和癌症、抑郁、心脏病以及高血压有关的蛋白质。[④]

那当然不意味着和朋友的一次(或两次、三次)争吵就会要了你的命,或者你应该立即终止所有的联系。但这的确意味着你要对过多的争执保持谨慎。

其次,消极的友谊还会造成情感伤害。这些类型的关系会打击我们的自信,让我们感到自己一文不值。它们能导致我们体验极端的情绪,如暴怒或抑郁,还会让我们怀疑自己在生活中找到好人相伴的能力。

如果曾经帮助过我们的友谊,现在却让我们闪躲不及,就会让人更加困惑。我们或许看不到转折点究竟在何处。抑或,即使我们能看得到,也总是不理解,为何曾经那么亲近的人会感觉这么疏远。

即便我们知道需要去结束这些关系,但无论短期还是长期,和曾经的好友了断关系也会让人感到有压力。当然,你们彼此相处的时长,影响着你在多长时间里愿意去补救。随着我们年龄的增长,依然拥有那些一直和我们相知、看着我们经历过好与坏的朋友,是难能可贵的。而且,因为我们对友情足够重视,比起对爱情关系的了断,如果必须去结束友情,会让我们感觉更糟。我们可能会想,如果连友谊都不能维系,又怎么能经营好别的关系呢?这些负面的想法不仅有害,而且能整个地击垮我们。

在悲叹和痛苦中,我们学到的是友谊的价值。有时,我们发现这友谊的境界太高,以至于不能贴以价值的标签。而当我们意识到,一份友谊贬低了我们自身的价值时,就是时候做出改变了。

(在这里写下你已经做出的改变。)

____

____

____

好了,这有没有让你觉得更强大呢?

真实的分手

西亚是我整个高中阶段最好的朋友。经常有人问我们是不是亲姐妹,借此我们也把她的哥哥折磨得不轻。我爱她如家人或更甚,大部分空闲时间都和她在一起。但我们去上大学后,情况就变了。

在一次电话中,我们因为她的前男友和我一同看了《辛普森一家》发生争吵,后来就不说话了。我们没有正式分手,虽然我记得她说过类似不要再有(友谊)的话。对她而言,对我放手好像不难,而且那时我似乎是罪有应得(高中时,我对不止一个朋友有些卑鄙)。

我把这件事看作一次我们没有选择去了结的战斗。她继续和我们一同长大的伙伴交好,而我则走上了不同的路。我们对彼此仍然亲切,甚至要比之前更友好,但那次“非正式”的分手改变了我们的关系。自22年前我们的友谊结束后,我和西亚说话的次数掰着双手都能数得过来。在有些日子里,我仍希望这事根本没有发生过。但是,能至少留在彼此的生活里,即使是在外围(我们偶尔发信息,还说我们应该谈谈),对于长久的友谊来说,也不失为一种可接受的安慰了。

尽管如此，这次分手还是破坏性的，尤其几年后当我在一次大学活动中见到她，她向自己新交的朋友介绍我时说，“这是伽麦，我高中时最要好的朋友。这是谢瑞，我在大学最好的朋友。喔，过去和现在最好的朋友碰头了”。我感觉自己像是一个物体，不是一个人，而且我记得自己恶心至极。

因为我是那么重视我们的友谊，那些话就把我拖到了最低谷，好像我被西亚继续新生活的这一事实打在了脸上。她没有在生活中为我留下同样的空间，而我所珍视的我们的关系（我们的秘密语言、交谈，我们保护彼此的欲望）已经不再。虽然结束这段友情会有伤痛，但我知道我们彼此都做出了正确的决定。

虽然事情并不总在预料之中，但了断友情并不意味着我们必须要忘记有那个人做朋友时的情形。事实上，我依然喜欢西亚和我的曾经，而且回到高中时代，我也不会改变我们关系中的任何东西。她的友情曾是我生活的一部分，它激发了我去认识别的人，去享受别的关系，一如我和她在一起时那样。

——伽麦

· · ·

在我初次搬到我住的那个城市的时候，在选定学校期间我和一个女孩成了朋友。后来我发现，她来自我的家乡，也在我的高中上学。我没有和她一起长大，但我们有共同的朋友。我记得自己在见到她的时候想，我们要么会成为最好的朋友，要么她会疯狂，或者这两者同时发生。而后呢，这最后一个选项维持了一段时间，直到对我而言这种“疯狂”很明显难以应对了。我试着慢慢地让自己从这关系中撤身，但没有用。我所有的朋友都只是告诫我离开，但我却充满负罪感(而且我有一点担心，如果我真的和她“分手”，就会招来《致命诱惑》[*Fatal Attraction*]里的那种彻头彻尾的疯狂)。最终，在我认识她一年半以后，我确定地和她分手了。但我还是利用了她所做的另一个糟糕的决定作为我的借口，对她说我不能在她做那样决定的时候还待在她身边，而且我很抱歉自己不是一个更好的朋友。

——凯蒂

为什么和爱人分手比和朋友分手更简单？

结束一段友谊会比结束一段恋情更伤人。不论她是你一年级时结交的朋友,还是在去年万圣节聚会上认识的那个女孩,友情都会是改变生活的事件。但只是因为你们有彼此匹配的饰品用以表明一辈子的关系,并不意味着它就会是那样。

在和爱人分手一事上,周边世界里有很多的支持和相关主题的歌。如果你在谷歌上搜“分手”,好像几乎所有的结果都在谈论关于恋爱的问题。我们中的很多人都听过一句话:“男朋友/女朋友来了又去,但好朋友是一辈子。”这话听起来可靠,但也会成为制造焦虑的垃圾。

我们自认为能够通过忽视特定的环节,或希望它们消失而挽回友谊;相比之下,我们一次又一次尝试去补救的爱情更容易遭遇了断。

事实上,虽然爱情关系的了断会给予我们力量感,但终结友谊就不必然如此了。“友谊地久天长”这样的情结,让我们因不想和某个人继续做朋友而心生负罪感,尤其当我们一再听到、看到或读到朋友就是一辈子的时候。

相比于其他类型的关系,友谊更持久。因为这种关系对我们个人的成长很重要,而且朋友们之间的牵系如此紧密,以至于离开一个人就会改变整个朋友圈的动态平衡。当结束一种关系会影响到整个群体的时候,要改变现状就真的是件难事了。

在你们共享一个社交网络的情况下,去了断友谊是具有挑战性的,但在相反的情形下同样会是一个挑战。如果你们曾长期共同生活,或者近来大部分的时间都在一起,那么断联对你们而言就会很困难。曾经恒常的陪伴，如今却要了断，并非易事。然而，恒常的陪伴不总是恒常的。人会死去，继续前行，而且时刻在改变。

友谊为什么会结束？

很多时候，友谊中的问题会很容易凸显出来。比如，朋友在你的沙发上逾期借宿，却不明白为什么他要分担你的房租。或者，你的女朋友吸毒、开派对、做错误的决定，置自己的健康和其他的朋友们于不顾。

如果你每想到这个人就觉得痛苦，但又不是那么明显，那就把你对他的好恶列下来，然后权衡其利弊（这种做法在每一种关系中都会有用）。问你自己几个这样的问题：你有多久没和你的朋友融洽相处了？你觉得在此关系中担负所有重量的是你自己吗？你朋友的那些让你无法忍受的习惯又如何呢？她是不是一再开始说自己的话并打断你？她话多吗？消极吗？一旦你更好地了解了自己所感觉到的事，就能通观全局，从而决定是否还存在挽救关系的可能。

当关系对我们的情感、心理和/或身体健康而言意味着彻底的消耗时，友谊就会走到尽头。无论是因为我们不断地证实一个朋友撒谎糊弄了自己，还是发现他们真的在背后说我们的坏话，要终结曾经的好朋友关系，都不会是容易的（当然，要结束一段从未真正开始的友谊倒很简单）。

当一个人无法去做“共同的”朋友时，友谊也会终结。这可能是由于过度的自我关注，就像那种深度自恋的关系，或者那种疯狂到可怕程度的关系。

你也要审视自己。你是以怎样的行为对待这位朋友的？是你的朋友把你自身中的哲基尔和海德[1]激发出来了吗？是你暴躁的性情，还是冷若冰霜或者冷漠惹烦了他们？她知道哪些激惹你的方式？一旦你明白了你们如何交往的细节，就能看清更多细节上的是是非非。

真实的分手

> 我享受着——好吧，是有一段时间——和一个极具魅力且有趣的人的友谊。他有着如此多的能量。但当我真正看清事实，才发觉这个人身上也有我必须要去正视的混乱。而我不能接受这种混乱，所以就和他分开了。这事情归结起来是，我重视的是能从这关系中得到什么，但随之而来的种种代价

1　哲基尔（Jekyll），《化身博士》中的医生。他将自己发明的药物用于自身之后，变成了邪恶的海德（Hyde）先生。——编注

太高了。

——玛西亚

· · ·

我和一个朋友分手了。她对我来说更像是一个妹妹。我们相识的时候,我是被她吸引过去的。她觉得自己已经是我的一部分了,而且我需要去了解她。

最初导致我们分手的,是她的老公和一个我们(我和他)共同的朋友出轨了。回过头看,我真是幼稚。但我真的没有想到她会那么做。因为我和那个女人的关系,她觉得是我背叛了她,而且我不愿和这个第三者了断关系这一点让她心烦意乱。我们所有的交流中有着那么多的迷雾,以至于这些谈话把我们之间的爱和尊重变成了愤怒、憎恶和责怪。

这次友谊的了断是那么的漫长、混乱和不可思议。最后,我觉得她是义无反顾了。但有太多的事导致了这一点。其中有那么多的曲折,又有那么多的难堪,而后就是距离。她和老公搬去了洛杉矶,结束了我们之间的关系。后来,她的生活里发生了很多令人悲伤的事,而我又出现了。我们在洛杉矶见了面,我告诉她事已至此我觉得非常抱歉,希望生活中有她的存在,但不想她的老公再出现。

然而,她已经和他和解了,而且要一起过下去。

我并不完全理解其中原委，但我知道那个决定会影响任何我们可以继续做朋友的可能。很长一段时间里，我们仍渴望找到解决问题的方式。我们会偶尔分享一些文章，一起去博物馆。我们努力在生活中追赶着彼此，但自从我出于不想见到她老公而没邀请她参加我的婚宴后……就再没有她的消息了。

——凯欧蒂

如何了断友谊

你已经不再是高中生了。要么解决你们之间的分歧，要么放弃。如果了断友谊，你会有几个备选项。

你可以任友谊从先前的重要状态滑退到次要的位置，尤其是如果你不想产生正面冲突的话。你还可以参与更多你的朋友不喜欢的事，比如如果她讨厌酒吧的氛围，你就在周末泡在酒吧里，这样你们就可能更少见到对方。你可以少回一些电话，短时间里对他们的信息视而不见。或者，你可以直截了当地告诉你的朋友，你不再喜欢她了，让她完全理解你的意思。

被减去“fri”的友谊，无时无刻不在发生。[1] 它是生活和成长的一部分。当涉及我们曾经珍视的友谊时，我们如何结束这种关系，和我们如何重新开始一样重要。

选项一：面对面

梅茨、库帕克和贝洛维克所研究的积极的点（见第四章），提醒我们面对面带着同情心地去结束一段关系会导向最好的结果或和解。

是啊，这可能会让人望而却步，而且确实有难度，但这个选项会给你想要的最明确的了断。因为你们两个都将看到并且感受到彼此说话的分量。此外，它也是最敞开最坦诚的方式，让他们知道你还是在乎的，虽然这在乎的程度已经大幅减弱，你也准备好了不再那么地在乎。

等到生活中没有大波动——如葬礼、婚礼、新工作、朋友办的大聚会、期中或期末考试，或者是大病——的时候，再选择去面对面地交流。如果你在情感波动之际去这么做，那么了断的谈话就可能变成无休止的争吵。不要在你朋友的父亲过世一周后就提分手，也不要在他们因开了太多派对而被学校劝退的那天晚上和他们了断。不要在你们为另一个共同好

---

1 此处，作者玩了一个文字游戏。friendship（友谊）减去 fri，就成了 endship（结束，了结）。——译注

友庆贺晋升或生日的派对上结束关系。实际上,永远不要在派对的时候,在你醉酒或情绪亢奋的时候和朋友了断。当只有你们两个人,而且处在让人平和冷静的地方时,再去这么做。

当然了,如果你现在就要从中脱身,那么就去做自己必须去做的。但在结束一切之前,你可能要承认这种紧迫感。告诉他们,虽然你知道这不是结束关系的最好时机,但你也不确定什么时候合适。要说你如何放不下这件事,真的需要就此谈谈。坦白承认为何在这样的时候分手,忠于你当下的需求。

不要陷入对谁做了什么以及为什么的指责。不要做大孩子,做个成熟的大人。即使你认为对方有太多的罪责,也要看到事情的两面。没有必要为了了断关系而道歉,除非你真的做了不齿的事。只要确保你们双方都明白了以下三点:

A. 关系结束了。

B. 事出有因(此处尽量做到简明)。

C. 你对别的朋友也会这么行事。

不要规划未来的日期,也不要因为你们共同的朋友对你们的了断表现出的诧异而感到惊讶。这时有发生。只需要确定你们有清楚的界限,而且都理解结束关系时的约定。

很多时候,结束一段友谊花不了几个小时的交流,即使那些历经了很多年建立起来的友谊也不例外。但它却需要近乎残忍的诚实，不请求妥协的意志力，也要避免在你真的不为之感到抱歉的时候说抱歉。

选项二：视频聊天或打电话

有时候，为了远离那个人，你颠沛辗转于全国各地。虽然你可以等到你们的道路再次相交，但这不意味着你想要去等。在那些距离成为问题的关系中，用电话交流不失为一个好想法。当然了，它不像面对面地交流那样勇敢和私人化，但当你不能身体力行或者不想调动自己的情感，那么比起其他大多数的方式，视频通话或电话仍然会是更好的选择。

在可以看到对方的实时视频上交谈，但要处于一个安全的距离，不要同处一室或者在一个州。这种方式仍可以让你读出对方的情感，也能看到表情，只是没有让人感到尴尬的会面和寒暄。取而代之的，这尴尬是通过电脑完成的。而当你关上电脑，就无需开车回家；你已经在家中了。

如果因为你真的不想在摆脱了朋友后再看到其人，或者没有用来聊天的个人电脑，那么你可以打电话。这样你们依然有机会在关系结束之前有彼此间的交流，也让你有机会听取被分手一方想要说的话。话说回来，即便对方完全敞开心扉，去读懂他们也不是容易的事，而这样一来就不会让你感到完全的了结。但这样去做毕竟是有可能的。

选项三:写下来

便条是一种极好的方式,它让你能够去交流很多难以启齿的事。特别是如果你对朋友所做的一些事高度情绪化,而你需要去保持额外距离的时候。把事情写下来,会让你有机会去细想自己要说的话,想清楚你要怎么去说这些话。以文字的方式把这些抒发出来,让你有机会深挖自己的情感,而不至在面对面地交谈中陷于过度的情绪化。通过把话写下来放在面前,你可以把握到自己所有要表达的点,从而做出清楚明白的决定。

信件是宽容的。因为你有机会去斟酌自己的用词,能真的带着同情把难以说出的事更轻松地表达出来。如果你不再喜欢某个人,你可以使用委婉的方式(或者直接的方式,如果这是你的风格)去表达你的意思。

用信件交流,就少了反复的争吵,而且你能够确定,自己对想说的话真的深思熟虑了。当然,你要决定自己是要在朋友那里激起什么样的反应,抑或只是想单方面地了断。同样地,你可以把信件用作事先的提示,以便在你们真的见面时,自己有一个出发点。而如果在你说了所有、做了所有之后对方回信给你,这样你读信也好,把它撕碎也罢,或者就把它丢在抽屉里等日后再打开。

再或者,你可以只把信写好(而不投寄)。它可以让你记得面对面交谈时你想要触及的点,或者在日后提醒自己在了断关系时的感受。不管你怎么用词,把它们写下来都会让你觉得更清楚明白。

选项四:慢慢地断离

在友谊太过紧密,以至于不对关系做出稍微的变动就会显得很尴尬,而你们彼此的生活又有着不断的牵连和交流的时候,慢慢地出离就是一个选项。如果你们都在一个小圈子里(比如联谊会),而这个人又是你最亲近的组员之一,或者如果你知道自己还会在社交圈里见到这个人,那么这也是一种不再和他们虚假做戏的更加温和的方式。

慢慢地退出通常是有效的,如果你们两方都不再对做朋友有任何兴趣,但却想和圈里的其他人维持关系。为了能够慢慢地退出,开始的时候,你可以限制你们见面时说话的时间。在说话的时候,尽量少交流。不要分享你生活的任何细节,尤其是那些让你感到脆弱的方面。而且,不要给他们什么忠告或建议。不要规划未来,甚至不要假装希望你们很快会见面。拒绝任何喝咖啡或听音乐会的邀请。

随着你们之间的距离越来越远,你不再感到必须去接他们的电话,也可能不会立即回复他们的信息了。我不支持玩游戏(除了像大富翁、陆军棋和常识问答这样的棋牌游戏),因为让他们知道他们不是你生活的优选项是很重要的。开始时会很难,你会觉得自己像一个慢慢把他们排挤出去的坏人。因为有时候,你们中的一个或两个还没有真的准备好说再见。在慢慢退出的时候,你会意识到自己不需要彻底的断离,以便为你的朋友在生活中找一个位置。也许是逐渐的分别让你为老朋友在熟人圈里找到了安身之地。

选项五:消失

好吧,我在第二章已经说过了——玩消失并不酷。但我也不否认它是一个选项。虽然在好朋友的关系上它不会有用武之地,但对交浅的熟人还是有用的。如果他们只是交浅的熟人,你就无须为整个关系的了断担心忧虑了。当然,消失绝对简单,但对好朋友玩消失就很愚蠢了。

我是故意说得这么刺耳的。虽然我们都会从某人的生活中消失,但如果这个人是你所关心的(或曾经关心的),那么你真的需要想一想为什么要这么对他们。当然,如果这个朋友对你极尽侮辱,而你不知道如何是好,那么就消失吧。不要再接或回他们的电话、信息和邮件。如果你可以或必须从一段友谊中消失,那么比起这个朋友来,你会面临更大的问题。

最后,不管你选择怎样的方式,不要期待你那个很快将成为前朋友的人会和你达成一致。他或她不一定会因为你的决定——不只你的决定,还有你执行这决定的方式——就病倒不起。只需记得:面对面交流或视频聊天会为双方提供最高的满意度。写信只会让一方满意,而逐渐地从上述所说的友谊中退出,或者迅速地不辞而别,则是快刀斩乱麻。

虽说面对面是分手的最佳方式,我却不能说服你总是这样去做。如果我说自己总是和人面对面地了断,那也是骗人的。因为,面对面不总是一个选项,它不总是那么简单,也并不总是对的。然而,这不意味着,就在关系中表达尊重而言,它不是最好的选项。

真实的分手

一个朋友给我写了一封“分手信”,我惊呆了。记得那时,“我觉得自己被甩了”。我为在分手前没有交流而感到愤怒,而这整件事都是出于一场误会。我真的经历了一段悲伤的时期。

——亚历克斯

处理和其他好友的关系

很多时候，我们的朋友也是我们其他朋友的朋友，而这就使得关系的了断变成了一个微妙的等式：

朋友+朋友-朋友=尴尬的朋友时刻

你几乎肯定会碰到一个或十二个朋友，他们和你的前朋友还相互交好。正因为你还要和他们交往，就需要为自己的断离划出清晰和严格的界限。除此之外，你还要知道自己该如何应对可能的侵扰。例如，如果你告诉你的前朋友不想再有任何联系——邮件或是别的——但他们仍然联系你，你可以一次两次不予理睬，但如果他们还继续这么做，你就必须决定是否要对他们采取抵制的手段了。

也告诉别的朋友你们的约定。如果你和你的前朋友还可以共同出现在聚会上，务必让别的朋友们知道（比如，“我们说过彼此会点头示意，但不会说话”，等等）。而如果你不能信守约定，去参加了你们先前提到过的聚会，那么不露面的离场是你应该做的，就像他们也应该在这样的场合去做的那样。如果你因为前好友的参加而不想受邀参加聚会，那么不要让你其他的朋友在选择上作难。和某人分手后,期望你其他的朋友也照自己这么去做,是相当不公平的。而且,把你的朋友们牵涉进来,或者让他们把你的前朋友从圈子里排斥出去,也是不妥的。

但话说回来,你可以告诉你的朋友,你和那个朋友共处一室或者共同出现在聚会上会感到不自在。而且,如果你受不了有他们在的场合,就不要出现。如果你们都有可能接到邀请,就询问一下受邀者的名单。如果他们说你的前朋友会参加,你就不要去了。不要强迫别的朋友做出让他们为难的选择,而且为此小题大做或者感到难受。对他们而言,你们的分手不是什么问题。

这可能意味着,你要从你朋友们的生活圈中出离一段时间,让他们去拥有自己的关系,而只在可能的时候去见他们。比方说,如果你的一大群朋友仍和那个朋友交往,那你就独自行事一段时间,或者在你的住处开派对,有选择地邀请朋友们来参加。

如果你碰巧撞见自己的前朋友,尴尬是在所难免的。但这并不意味着你必须要向着相反的方向逃之夭夭。希望你们两个已经达成和解,而且向彼此道过再见。只要这关系已经善终,接下来你需要做的就不过是会心一笑或点头示意罢了。

如果分手并不干脆,也不是由双方达成的,那么再次遭遇彼此很可能会让你犯难。那尚未解决的问题一经出现,对方就有可能对你采取消极侵略性的动作或者表现出外在的残酷。她可能会把自己的一面之词告诉你别的朋友们,设法让你难堪。

暂时避开这个人会是最好的选择。一旦你已经分手,就可以从他们的生活中消失,而这甚至也会让伤痛更快地愈合。我曾有一个朋友,在和我分手后他就消失不见了。虽然仍会有很多痛苦,但比起时常碰到他来,看不到他让我好受多了。事实上,如果他还在我周围,我就不知道自己如何能渡过这难关了。

亚尼给人的感觉是那种见面熟的好朋友,也是最有趣的一个哥们(而且说实话,虽然我们从来没有很亲密,但他却是我能想到去约会的人),但是他在有女朋友之后就把我甩开了。

也许,如果我们在一个州,他会出面提出分手,但因为我在旧金山而他在纽约,所以他当时是打的电话。我是走在范尼斯大道上,去市政厅的路上接的电话。他对我说,他怎样遇见了一个女孩,而且真的喜欢她。我记得自己为他感到高兴,也为自己感到一点伤心,因为我知道当我再回到纽约的时候,关系就会是不同的情形了。我丝毫不知道情况会变得多么不同,但我绝对没有为其后到来的剧变做好心理准备。亚尼告诉我,因为他遇见了这个女人,所以我们不能再继续做朋友了。没有进一步的解释,没有交流,没有道歉,而只是说,“我很抱歉,伽麦。现在我无能为力”。

自那天以后,我没有再见到亚尼,也没有再和他说过话。我不知道如果自己撞见了他——老实说,因为我们不住在一个州，甚至不在一个国家的同一个地区，所以这几乎是不可能的——会做些什么。我的确给他写了一封邮件表达我受到的伤害，但他坚守自己的界限。等到他回复的时候，邮件简要而一贯地传达出他的信息：我们的友谊已尽。

回头看，虽然他的方式不是最温和的，但却直截了当。那时候，我感觉自己可以去证明他犯了错（在不能只做朋友这方面），但他比我更深刻而且更坦诚。他看到了我想要否定的东西，通过坚守立场而从我的生活中撤出，给了我一次机会去填补因他的缺失而导致的空虚。虽然我仍然为失掉最有趣的友情而感到伤心，却庆幸他没有当面把痛苦强加给我。

而且，随着时间的推移，这段友谊不再那么重要了，虽然在我敲下这些字的时候，还能在心里——亚尼仍在那儿——感到痛苦。但大多数时候，我不会再想起他。

我觉得，那是因为亚尼能够了断得干净利落。他从来没让我怀揣对他回心转意的幻想。他所传达的分手信息简单明了，即便我真的想把他挽留在自己的生活中。

很大的可能是，几乎在你去的任何地方，都会有人分享一个故事，讲述那个和他们不再是朋友的人。这些故事让我们看到，不论走的路有多么不同，我们都有着结交和断交的共同体验。

被分手后的注意事项

1. 你不是一座孤岛。几乎所有人都经历过至少一次和朋友的分手,即使那些和他人分手的人也会被分手。

2. 从容地和你的朋友、家人以及其他你能交流的人谈谈,听听他们对这段关系的看法,看他们如何看待你们在这份关系的了断中扮演的角色。

3. 冥想,或者找到其他平和的内省方式。

4. 尝试新的体验。这不仅会让你更少撞见自己的前朋友,也会让你向新朋友敞开心扉。

5. 给那个和你了断关系的人写一封信,抒发你的感受。即使你从不把信寄出,抒发出来也会让你感觉更好。

6. 你可能会感到受伤、愤怒、恶心、烦闷、如释重负或者震惊,抑或你就这么接受了分手。但即使接受了,对那段关系何以如此结束的坎,你可能还是过不去。但这都还好。

第六章

与家人分手

我的家人，是我坚强的缘由，却也是我的软肋。

——艾西瓦亚·雷·巴赫卡安[1]

家人原本意指拥有共同祖先的后代，但是这一定义是有局限的。家人是我们愿意将万事托付的对象，是我们不管在何方都愿意与之相伴的人。我们愿意毫无保留地维护他们的声誉——甚至直到离世，他们给予我们的爱也支撑着我们活下去。我们从小就被教导（如果我们足够幸运），家人就是我们生命的支柱和避风港、我们的历史过往，以及我们自我认同的一部分。无论是自然生产还是剖腹而生，无论他们在日后是否欢迎你成为家庭新的一员——家庭的羁绊都是难分难解的。

1　艾西瓦亚·雷·巴赫卡安（Aishwarya Rai Bachchan），印度著名女演员、模特，1994年"世界小姐"获得者。2009年，她获得印度政府颁发的莲花士勋章。——编注

在某些文化（如拉丁和亚洲文化）中，家人被置于至高无上的地位，没有家人陪伴的个体简直是不可思议的，而且毫无疑问不会幸福。这就使得与跟我们有着紧密羁绊的家人分手尤为困难。

与家人分手有可能是毁灭性的，让人心碎、恐惧而倍感孤立。同家庭成员结束关系于你而言可能就像遭遇风暴的多萝西（Dorothy）[1]，再也找不到回家的路了。

在你决定同某位家庭成员斩断一切关联的时候，这决断也同时会迫使你回溯你们过往的所有经历。如果这个人曾经在你对生活不知所措的时候帮助过你，那么在你最终下决定的时候，你会因没有找到弥补的方式而觉得自己做了错事。

另一方面，同家庭成员终结一段恶劣的关系则会是一种安慰。这会让你如释重负，不再感到自己如坠深海，无路可逃。你终于可以呼吸，而这会让你感到自由、赋予你力量，抑或让你感到恐惧。

有些家庭成员永远不会按照惯例行事。当这些在我们看来犯了错的人是我们的主要监护人的时候，事情就更糟糕了。如果我们足够幸运，同身为远房亲戚的他们分手，也不过只会影响到家庭的团聚。但养育你的家人却会对你造成情感、身体乃至性方面的虐待；他们也会把某些意志强加在同性恋或跨性别的孩子、兄弟姐妹或亲戚们身上。

---

1 《绿野仙踪》中的女主角。——译注

家庭关系的终结有以下几种原因:沟通不畅,渴望独立,离婚,新家庭的组建,以及牵绊。

如果我们身陷艰难的家庭处境,那么可以尝试在内部去寻求某些解决的办法,或试着寻找到其他我们可称为家人的群体。有时候,在构筑我们自己的避风港时,我们必须抛掉身上的重负。尽管无法选择自己的出身,但如果去意已决,我们终究还是要选择是否以及如何去对付他们。

与家人分手的错综复杂

如今,我们生活在充满联系的世界之中。我们不但可以通过飞机、列车、汽车、大巴与他们见面,而且,我们的家人也可以通过社交媒体、视频聊天、短信、电话等手段,参与到我们的生活之中。

家人对于你而言意味着什么?

“他们是你捍卫的对象。无论多忙你都会接他们的电话,毫无抱怨地帮他们脱离困境,乃至允许他们打汽车协会的电话,用光你的拖车津贴。你愿意保护他们远离危险,愿意在医院里握住他们的手；回他们的邮件，不假思索地给他们买礼物；更新联系人，为的是不与他们失联。这种地位固然多少和血缘有关，但也是可以靠努力得来的。”

“家庭是真正守护着彼此的人的集合。”

“我的家人教导我，‘家庭’是没有条件没有评判的爱。无论我做了何种愚蠢疯狂的事情，他们总会让我感受到爱和支持。我也永远乐意为我的丈夫、女儿、亲如家人的朋友和学生们做到这一点。”

“有时也并非一定要是血亲……家人是因你而哭或和你抱头痛哭的人，与你共同庆祝的人，他们理解你，爱着你，哪怕你有神经症。他们与你共同抵御世间的风雨。”

“那些我最爱的人；我的朋友们。在我颓败的原生家庭里，如果不是迫不得已，我一个人也不想认识。”

就我看来，我们有着过于繁杂的联系网，以至于当局面变糟时，想要切断一切联系变得更为艰难了。就算关掉手机，注销账户，不再查看邮箱，我们的挚友和家人也通常会注意到这些，并且对我们表示关心。即使被选中参与“火星一号”计划是唯一出逃自己家庭的方式，和家人的断联都似乎是不可能的。可是，你生在这个家庭并不意味着你一生都要禁锢其中，诚然，你不能把他们从家族的历史中抹去，但是你可以改变现状。

这一过程会很棘手，尤其是我们被规劝说，家人——或者更准确地说，父母——做出这些恼人的错事完全是因为他们爱我们，而不是要故意伤害我们；在我们看来已经伤害到我们的举动，在他们的眼里却成了保护我们的手段。例如，在直言不喜欢我们的男友或者女友时，他们会说："我们认为你应该找一个更配得上你的人。"可是这话在我们听来像是："你又把一个重大的人生选择给搞砸了。"

我们并不能对任何事情都有精准的判断力，尤其在我们年少时常常把他们那些行为视作残酷和不合情理。他们当然不会认为自己是存心恶毒，我们也不顾虑他们做何感想。但是，如果我们能够放下这些消极、抵触的思绪，花一些时间与对方坦诚交流，我们就可以弄清楚他们内心深处真正的想法。而一旦我们对这方面有了更加清晰的了解，那么我们就能够准确地判断这段关系该如何修复，或者该如何终结。

即便是糟糕的关系，也有其可取之处；不然，我们不会那么为之感到糟心。之所以可取，或许是因为我们对安全感有着执拗的依赖，或者是因为我们太过看重周围人对自己的评价。糟糕的关系束缚着我们前进的步伐，而不是助力我们走向更高的地方，毕竟，前者比后者容易得多。如果我们太过于依赖别人对自己的看法，那么我们就不必对自己设定太多的期望，这当然不是一个好的思考方式，可是如果你想的仅仅是永远保持安全，那么开掘自己的潜力，跳出自己的舒适区对你而言也就无足轻重了。

真实的分手

在我很小的时候，母亲就离开了父亲，所以到现在我对父亲都不是很了解，其实是外婆把我养大的。她伴着我步入婚姻，两周后，她去世了。

外婆去世之后，我就不再与母亲联系了。我和她最近的一次相遇还是在外婆的追悼会上。在我十二三岁的时候，我和她的关系开始变得紧张，而且随着年龄的增长，我和她之间的嫌隙越来越明显、越来越深。我的母亲扯出越来越大的谎言去满足她的欲望，最终，我意识到，她这个人就是十足的自恋狂。只要是她想得到某些人的关注，那么她就会设法毁掉他们与周围人的关系。到了青春期之后，我和朋友们在外闲逛的时间已经远远多于陪伴家人的时间，而这对于我来说不啻是一种解放。17 岁那年，我终于搬到外面住，彻底离开了这个家。两周之后，我母亲被确诊为狂躁型抑郁症，可是她只吃了两周的药，就又恢复到原来的疯狂了。总之，我的母亲并不擅长照顾自己。

直到我 21 岁那年，看到她对我姨妈寻衅找事，我意识到，她都是故意的。我就此转变了，意识到她做出的所有疯狂的事，都是要故意摧毁我外婆与其他家庭成员之间的关系。这样，她在外婆的眼里才会看起来更好。看着母亲不停地试着破坏外婆和她其他子女的关系，我很难过。她在自己的母亲和姐妹之间进行了许许多多的破坏。

自从我明白她的所作所为，除非迫不得已，我一概无视她的存在。为了尽可能地显得冷酷，我会努力把她从我的心里驱逐出去。这么做其实很简单，在外婆去世后，了断这一关系就像是例行公事。我无需多说什么，甚至记不起来我与母亲最后一次见面的细节。我不记得说了什么话，只想起我的丈夫和我的离开，仅此而已。对我而言，这些过往早已结束，所以外婆的追悼会并不是我的结束点，而仅仅意味着“我的生活终于可以没有你的存在了”。

我所领悟的是，无论什么关系，你都要始终保持自尊，好让对方也尊重你。

——瑞秋

作为家庭问题的羁绊

让他人告诉我们该如何去感受,通常会导致“羁绊”(enmeshment)的问题。家庭疗愈专家萨尔瓦多·米纽庆(Salvador Minuchin)第一次阐述了这一概念。“羁绊”是指当个体之间的关联极度紧密时,人们会有意或无意地禁锢对方的自主性。“羁绊”包括有意识或无意识地被告知如何去感受和行动。[①]它可能意味着你不被允许和家庭之外的某些人谈论家庭问题。也可能,比如当你想要把头发染成紫色的时候,父母却表示如果你这样做了他们就会无视你。也许你已经四十好几,可以靠自己养活自己,但是你依然要遵从父母的旨意,无论他们说什么。或者你三十多岁了,结了婚,但在做人生中的任何大决定的时候,却必须得到家人的准许和祝福。

无论我们是否意识得到,羁绊在任何年龄段都有可能发生,不论你和家人同住,还是和住在国家另一头的父母遥遥相望。而且通常来说,当你们意识到自己被“羁绊”的时候,要去摆脱就很难了。但摆脱也不是不可能。即便是最棘手的境况,只要耐心地、一步步地应对,总会有解决的时候。

通常,在家庭疗愈师的帮助下,羁绊问题能得到最好的解决。这一外界力量的介入可以清晰地显示出家庭成员之间模糊的界限、彼此之间不正常的紧密关系。即便你在诊疗的时候顾左右而言他，只要你的家庭中存在羁绊的问题，那么一位经过训练的疗愈师就能看得出来。

如果没有机会进行治疗，那你可能要尽早选择同羁绊你的家庭分手。这对于一个已经陷入羁绊的家庭来说无疑是困难的，但却是你重整生活的唯一选项。

无论你身陷何种困境，这样做都会让你重新获得为自己的生活做出决定的自由。

与最初的监护人分手

最初的监护人是指我们在婴儿时期所依附的人。这些人不但在我们的婴儿时期起着关键性的作用，也会影响到日后生活的基础。初次依附的对象可能是父母、祖父母、同胞兄弟姐妹，也可能是养父母、邻居，乃至其他那些曾经抚养过我们的人。

我们大部分出生于平等的家庭，可以很好地处理初次依附。事实上，大多数“年轻的成年人”（指十八岁到二十九岁之间的成年人）在他们成年之后依然同他们的父母保持着良好的关系。[②]“我们尽心尽力地让孩子们感受到关爱和理解。如此这般，同我们当年与自己父母的关系相比，我们与自己已成年的孩子的关系显然更为密切。”乔舒亚·科尔曼(Joshua Coleman)教授解释道。他是《父母受伤之时:当你和已成人的孩子相处不融洽时的同情心策略》(*When Parents Hurt: Compassionate Strategies When You and Your Grown Child Don't Get Along*)的作者。[3]

然而,科尔曼博士告诫我们,这种关系也可能适得其反。“即便已经成年的孩子还想同父母保持亲密的关系,但是维系彼此之间关系的纽带已经消失了。我们期待着父母应该的作为,但在往后的生活中,这却是对父母更大的打击。我们在孩子的发展方面教育父母,也以同样的方式教育孩子。父母们如果不能做到更多,就可能会让孩子在日后对他们抱有怨恨。”

直到我自己做了妈妈,才理解成为一位完美的家长有多么重要,也明白了把这件事搞糟有多么容易。我可以看到自己的父母在哪方面做得好,在哪些方面本可以做得不同。但并不是说,我没有看到他们的辛苦努力。为人父母确实不易,尤其是在我们大多数人对此角色全无准备,却“赢得”了这一角色的时候。即便我们对此经验颇丰,要做到完美也是不可能的。

父母的不完美甚至严厉,并不能成为分手的原因。那些确实导致与最初监护人分手的原因,在于有毒的、乏味重复的家长模式。在这一模式下,父母通常离异,各自组建了新的家庭,而我们的配偶和伴侣也会对我们和父母的关系造成影响。

有毒的家庭一般会有一个滥施暴力(无论是口头的、身体上的,还是性方面的虐待)的家长,或者一个表现出种种危险行为(包括沉迷酒精、毒品、赌博、滥交等为人所不容的行为)的最初监护人,或者一个极度自恋、控制欲强、难以与之共处的家长式人物。当你发觉正是因为这些养育你的人将你的生活拖入危险和失控的境地时,出于自我保护,你必须找到某种方式让自己从中解脱。

在断言这段关系的毒性之前,你需要确保它实际如此(参见第三章)。"即使在健康的家庭中,也会存在真正具有毒性的关系,以及因充斥着矛盾而让人感到不适的关系。另一方面,你的父母越是不易相处、处处惹麻烦,你们之间的关系就越是令人不适。"科尔曼博士解释道。

当我们的父母劳燕分飞、开启新的生活的时候,他们很大程度上已经抛弃了故人。而在新的家庭里,我们会感觉自己被无视,或者在我们的父母那里成了陌生人。为了消除这种被遗弃的感觉,父母、继父母和孩子都需要共同努力,使家庭凝聚在一起。

肖娜·范恩(Shona Vann,又名肖娜·斯巴丽[Shona Sibary])是一位记者,在2011年的《每日邮报》上解释了她与她父母的决裂。在她父亲搬去斐济与他新的妻子和继子组建新的家庭之后,她的母亲也从英格兰搬到了加拿大,开始了她的第三段婚姻。"在这种境遇之中,我日夜经受着心碎的感觉和如杂草般生长的孤独,直到最终(意识到),你曾经自以为了解的父母早已不存在了。”④

如果你不断被提示，另择新路的父母让自己难以应对，或者感到被新的家庭关系抛弃了，就可以选择与你曾经的最初监护人们分手了。

某些情况下，你已经成家，而后决定从旧家庭中出离。如果最初监护人对你的另一半或配偶过于挑剔，就会使你和他们隔绝，尤其是你感觉有义务保护你的伴侣的时候。或者，如果你的伴侣并不喜欢你的父母，那么这一令人尴尬的境地就将会是一颗定时炸弹，迫使你在他们之间做出选择。

即便你决定终结这段关系，你的父母也会竭尽全力去挽回。比起孩子来，父母在弥合关系时会更高调主动。如果他们不作为，那么这段关系基本上就失败了。然而，给你父母一次倾听的机会，在自己愿意努力的情况下去坚守，也是很重要的。

从你父母的角度来看，这种无条件的爱也许是他们能给予的唯一东西，而这足够让他们考虑是否要做出改变。尽管我大体上明白“无条件的爱”的意思，但是直到我有了自己的女儿，我才真切地体会到这种由父母给予、孩子接受的东西。尽管我可能会做某些事让我们之间的关系变糟，但是我将自始至终全心全意地爱着她。这种感受在我还是女儿的时候是不能理解的，直到我身为人母才真正体会到。

真实的分手

父亲在我还是婴儿的时候就离开了我。母亲无力抛开她那混乱的过去,就以可怕的身体和心理的虐待将怒火全撒在了我身上。她成了十足的变身怪人,白天是哲基尔,暗夜却会化身海德。在夜晚,她会沉迷于酒精直到不省人事。清晨来临时,她那无意识的、可怕的状态又会退去,也会暂时忘却对我的虐待,整个前夜的事情,都已从她的脑海中消失了。

早先记忆中那个对我满是爱意的母亲,和如今这个酗酒的、狂躁的魔鬼,这两种形象激烈地冲突着。

母亲对我和其他人做的事情,在她清醒的时候是绝对不会做出来的。所以,我依旧爱戴我的"双面怪母",喜欢她的烹调技术,怀念与她一起探索世界的旅行、在河岸边的垂钓,等等。而在她喝醉的时候,她会说我总有一天会离开这个家,把她一个人留在这里等死。我告诉她我会永远跟她在一起,永远不会抛弃她,我会是一个好儿子。而且,我全心全意地坚信这一点。

在我行将20岁的时候,我需要搬出去上学和工作了,但我还是确保每周回家帮她打扫、做园艺,和她做伴。在一个温暖的周六下午，我清扫完落叶，走进屋喝一杯清水。我看到了她的面孔，这位确凿无疑的“双面怪母”盯着我，目光之中满是恶毒。这次我唯恐逃之不及。我受够了，冲着她大喊：“决定吧，选你儿子还是酒精！”她恶狠狠地盯着我，说还轮不到我对她说三道四。我回敬说，如果我踏出这个家门，就永远不会再见她，永远不再跟她说一个字。她叫嚷着说我只是一个懦夫，所以我就照直走出家门，脸上流着刺人的眼泪。从此，我再也没有回去过。

在这短暂的几分钟的面对面的交锋之中，我已经下定决心了断我们之间的关系了，我本来值得被更好地对待。我不该为她那可悲的错误买单，也全然不是她所形容的那副模样。而当她翻来覆去地提及我的童年，提到她牺牲自己的生活去养育我，我终于意识到她的错误：当你选择将孩子带到这个世界上，为了给这个孩子最好的生活，你就应该准备好去做自己所能做的一切。

此后的二十五年，我从未再去看她、同她说过一句话。直到她走向生命的终点，我才从世界的另一端给她打了一个电话，祝她一路平安。没有其他的话可以说，但是我从未停止爱她。

当我无可救药地沦陷于尚在襁褓中的女儿那天真的眼睛里时,我会想到我还是孩子的时候所怀揣的简单的希望和梦想,而现在我唯一能做的就是不把她的人生搞糟。我知道,同我母亲断绝关系是我这一生所做过的最为正确的决定,不仅是对我,对这个小姑娘而言也是如此。如果我可以从那段伤人的关系之中挣脱出来,并且治愈自己,那么有可能我女儿就永远不会觉得有必要跟我断绝关系了。

——斯科特

与次级依恋人分手

次级依恋人(secondary attachments)包括同胞兄弟姐妹、(外)祖父母、姑姨、叔舅和表兄弟姐妹。大体上说,目前的你或许从未在金钱和情感上对这些人有所依赖,但是你依然称他们为“家人”。同这些家庭成员断开关系也是伤人的,毕竟我们依旧分享着记忆和过往的经历。即便是远房亲戚也和我们有着牵连,因为我们有着同样的血脉。

共有的经历,会让我们随着年纪的增长而愈发亲密,但也可能让彼此之间生出距离，尤其当对方是我们的同胞兄弟姐妹，或者其他和我们从小一起长大的家庭成员的时候。这些人知道我们人生的种种细节，而任何在我们小时候与我们为敌的人，都可能会把这一矛盾带到成年之后。

例如，人们总会认为打妹妹的同胞姐姐是欺负弱小的人，即使她此后很多年都没有这样的行为。其他的一些负面的人格特征，如自私、专断、叛逆、愤怒和抑郁等，也是如此。尽管早年的这些消极人格特征通常会伴随我们到晚年，但随着我们年龄的增长，它们已经不再是我们的主要人格特征了。然而，当我们说到“次级依附”的时候，人们对我们所抱有的看法、激起的感受都还仅仅局限在那个我们早已不再扮演的角色。修正我们的思考方式很困难，而分手则可以提供帮助，让我们重置在我们脑海中反复聒噪着的烦恼。

事实：根据《时代》杂志的一篇文章，85%的美国成年人至少有一个同胞兄弟姐妹。据估计，其中有3%到10%的人会选择与他们切断联系。⑤

有时候，同这些人分手，是因为我们无法逃离自己的过去。我妹妹和我就有这样的问题。我们都被困在我们小时候所假定的角色之中。我是年龄大的、喜欢欺负人的姐姐，她则是说“别烦我了”的小妹妹。我们的分手发生在我们祖母的葬礼上——那时候也正是我最为专横的时候。

当我告诉她应该待在楼上不要跟人们接触，因为她当时生病了的时候，她却回敬了我一些难听的话。这导致我跟她吵了一架。类似的争吵在之前已经发生过很多次了，而在这场口角的最后三分钟，我告诉她，我再也不想干“这种”事了——“这种”是指因为一些鸡毛蒜皮的原因而争吵。

自那之后，我们三个月没有说话，这让我父母和嫂子大为光火。她在脸书上取消了对我的关注。但是我知道，如果我们重新谈一谈，一切也许就会不同。我和妹妹已经陷入了这种可怕又丑陋的、相互怨恨的模式里。她看不起我，认为我是一个刻薄又自私的姐姐，而我也不喜欢她这个被宠溺惯了的妹妹。

自从我们在祖母的葬礼上发生了那次争执之后，我就开始思索自己究竟是扮演了怎样的角色才让她有了那种感受。之后我才慢慢意识到，我并不是一个好姐姐。在我们还小的时候，我从来都是考虑我自己，而不是她，也没有用心经营过和她之间的关系。

我们分手时，恰逢我的女儿出生，到现在已经过去两年了，而这次分手是我们之间最好的结果。在这段分开的时间里，我终于看到了我的自私、刻薄和伤人。我对在我们还是孩子的时候没能更好地爱她而深感懊悔，也为在我长大之后知道如何做得更好的时候却未能改变这一切而沮丧。这次分手给了我一个机会，让我可以和她分开，从而审视我们究竟应该如何去造就日后的这段关系，以及这段关系如何作用于我们两个人。我不知道我们之后会不会再次分手——事实上，她邀请我做她婚礼的伴娘。

次级依附关系会因为很多原因而分手，其中包括压力和死亡。在亲戚们竭力商讨究竟谁该照顾家中的老人，或者在老人们故去之后谁该分得何项财产的时候，分手都会发生。某位亲戚不喜欢你的配偶，或者在管理家族企业时的某些大动作或分歧，都有可能导致你们之间关系的终结。

真实的分手

> 和你想象中的姐妹情深不同，我姐姐从未那样爱过我。我们相互爱着对方，仅仅是因为我们应该这样做，但是她总是非常嫉妒我——她的亲妹妹。我跟我的亲戚，包括我父亲确认过这一点——她极其厌恶我的出生。在我们还是孩童的时候，她就无所不用其极地伤害我、羞辱我。
>
> 在我20岁那年，我们的母亲去世了。我姐姐和母亲的关系很糟糕。自那之后，除了我有时候会给她打电话说“我们是姐妹，是一家人，总要偶尔打个电话”之外，我和她就没有太多的交流了。打电话的时候，我们都会字斟句酌地想着每一句话。她基本上都会谈到她自己，而后尽力将对话引向她所能掌

控的地方。

她经常在早晨给我打电话，即便她知道我一夜都在外出。所以，终于有一天我跟她说："现在我真的、真的很累了，你可以晚点再打给我吗？现在我实在不方便。"然后她便说，我简直是一个完美的例子，诠释着在这个世界上她所藐视的一切。接着，她让我从此以后就当自己从来就没有她这个姐姐。即使我试着去联系她，她也不再回复了。事情就是这样。她说的每字每句我都记得。

从前的我已经经历过这些，所以那时我并未多想。但是一个念头突然敲醒了我，于是我没有给她打回去电话，没有去见过她，没有跟她说过一句话，之后的二十年都是如此。

我最终接受了一个事实，她作为我的姐姐从来都不称职。从某种程度上来说，她确实以一个姐姐对妹妹的感情爱着我，但她也总是恨我。我应该对她说一句"去你的"，但是我说不出口。从大的方面看来，我知道她身上确实有可怕的错误，但我需要想明白她要在哪一点上为自己的行为负责吗？

在治疗过程中，我了解到愤怒是有意义的，把她看作怪兽不是不可以，却也学会了不再对她抱有多余的幻想。但是我内心中小女孩的那一部分总是渴求她的爱，希望她能成为我的朋友。尤其是当我看到其他的家庭和亲近的姐妹们的时候，总是无法理解，为什么我和她的关系就这么不同呢？

——艾米

改变的可选项

无论是什么原因，有时候你能为家庭做的最好的事就是照顾好自己。这可能意味着改变关系、暂时的出离，或者是离断。尽管如此，对所有人而言，拥有那种从对任何人都无益的情境中走出去的洞察力和力量，都会是最好的禀赋。

家庭重联

当涉及和你生活中最重要的家庭成员（包括给予你生命的人）了断关系时，你真的需要在方方面面谨慎行事。有时候我们所认为的关系中不对头的地方，更多的是不合我们的意的事情，而不是我们的父母没有做到什么。只有在你明白了事情的究竟的时候，你才能走出不适合你的关系并继续前行。

在你为那个人关上门之前，先回答这些问题：

1. 有这个人在生活中相伴，有什么价值？

2. 和他们在一起我是怎样的感受？

3. 没有他们，生活会是怎样？

回答这些问题，会有助于你更好地理解在了断或修复关系中自己的得与失。

清楚和简明

虽然一概而论很容易，例如“你们是糟糕的父母”，但以这种方式去开始你和你的家庭成员的交流是毫无益处的。首先，对于什么是让你心神不宁的关键点，它的表达还不够具体。而且它具有防御性，试图攻击你的父母，让他们没有解释的机会。

即使“糟糕的父母”言中其实，他们也不真的能听进去。糟糕的父母之所以糟糕，必有其原因。不论他们是否以更恶劣的行为（如酒精、毒品、电脑游戏、赌博或在大部分时间缺席）去掩盖自己的糟糕，他们都是被伤害的人，很可能无法应对这么残酷的指控。如果你做不到温柔和不批判，他们就听不进去过去的自己是多么坏的人，也根本不会有能力去改进什么。

向他们解释为何你会有如此这般的感受。抛开愤怒和评判，告诉他们那些具体伤害到你的事。例如，“我很难把你纳入自己的生活，因为在我小的时候，你花那么多时间去泡吧，就好像你更喜欢喝酒,而不是陪我玩。我希望你能陪我”。如果他们仍然会觉得“我不是个好父亲/母亲”,那么告诉他们你受伤的原因,这能让他们看到自己用以掩盖痛苦的具体行为。

也简短地告诉他们你的需求。让他们知道你自己是否需要一些空间,而且为他们的倾听表示感谢,即使你并不确定他们是否明白所有你说的话。确认他们参与了谈话,这样能够帮助他们去理解这是一种双边的关系,即使现在只有一方在操控它。

如果你可以面对面地去做这些事,当然是最好的了,但是如果做起来很艰难,就尝试通过视频聊天去解决。如果这也太难,信件也是一种有力的方式;即使它不能提供及时和当下的互动。

制定规则

你不想掺和在这关系里了,这话说起来容易,但你毕竟在谈论自己的家庭。比起你爱自己来,这些人爱你一样多,而且有时候有过之而无不及。

如果你还想继续这些关系,可以用列表的形式写下最后通牒。清楚地把需求以规则形式写下来,这会再给你的家庭成员一次尊重你的界限的机会。如果这列表在他们那里没有奏效,那么对于这关系为何出问题,你也有了文字性的证明。

这个列表应该体现你们交往的规则。把所有的事项都写下来,然后和他们一起看。当你把它交给他们的时候,可以说:“我觉得我们的关系还是一成不变,而我希望我们改换一些行为模式。我爱你,所以才想了一些我们可以去这样做的方式。我写了一张表,而且想和你分享,听听你的想法。”

或者给他们发一封邮件,简明扼要地说你想要找到一种改善关系的方式,然后把列表和想法发给他们。列表务必简洁。你不会想给你的老爸分享五十个注意事项,以便让他给你留下一个好印象,但却要确保这列表足够具体,突出你需要看到的改变的重点。一张这种表格的示例可以是这样的:

1. 己所不欲,勿施于人。

2. 不要大喊大叫。

3. 如果有一种情形让你想大喊大叫,那就走开,直到你能控制自己的情绪,而且可以平静诚恳地交流。

4. 不许辱骂中伤。

5. 只在需要的时候给出建议。

6. 一天只给对方打一个电话——最多。

7. 如果这些规则被违犯一条,就会有警告。如果再犯,我们就分开一周。如果第三次犯,我们就去进行治疗。

你改变不了他人,但如果你能够坚持自己所创造的改变,让他人坚守这些改变就会更容易。如果这并不奏效,你总能去了断这份关系。

寻求咨询

也许你不想列一张表,或者一对一地去聊自己的感受。这样一来,在挽救或了断关系的过程中,中间人就会帮到你。多亏我们被多少有些紊乱失常的家庭养育大,疗愈师们才不至于失业。所有家庭都是如此。我们花钱找人去倾听自己和父母、兄弟姐妹、姑姨、叔舅或者其他人之间的问题,这也是西方文化的奢侈之处。

话虽这么说,在艰难的时候需要有人支持,这种感受是很重要的。虽然你的朋友、配偶或其他家庭成员会对你有极大的帮助,去疗愈师那里你得到的帮助会更多。最好和你的家人一起去,只要他们愿意当着外人的面去谈你们的处境。一个疗愈师或者中间人,会在不让你的家庭成员感到被判断的情况下帮到你。他或她也能让你看到两方的处境,而且找到你们都能够被倾听而且感到愉快的空间。

对于朝着正确的方向前进来说,疗愈是一个优选项。而且,如果你已经在接受个人疗愈,想继续这样的方式,那么也试着去征求你家人的意见,让他们同意也去做自己的疗愈。这样,你们就可以分别在各自的空间和时间里,为关系的改善做出努力。

决定去了断

就如你和朋友了断关系一样,你也可以用不同的方式和你的主要或次要依附人结束关系。你可以采用面对面的方式,通过视频聊天或者打电话,写信或者发邮件,开始从彼此的生活中淡出,或者就此消失。

当感情和客观条件允许的时候,面对面总是最好的解决方式。毕竟,他们是你的家人,值得你去告诉他们必须要说的话,也值得你去说再见。如果出于距离的原因,你不能去和他们面对面,那么视频通话会是另一种选择。

当然,私下的会面更可能会伤害到对方,但比起其他的选项,在那种伤害和悲伤之中你会找到更多结束的方式。面对面地交流肯定还伴随着诸多困难,你不得不去应对问题的两面,而且可能把谈话上升到肢体冲突。于是就带来了一个难题,如何让自己的立场被理解,而又不变得事事防备或感到挫败。

和任何人尤其是和家庭成员了断关系,温和有礼是你能采取的最佳方式。它能让你的亲属减少防备,从而让他们(尤其是父母)有可能倾听你说的话。“对父母而言,听到自己犯了错,是很艰难的——不管说这话的是谁,”科尔曼博士说,

“大部分父母对待自己的职责都是很严肃的,即使他们做得的确差劲,他们对身为父母的自己的看法,依然在他们的自尊和自我认同中处于相当中心的地位。”

找一个好的出发点,然后努力去解决不好的事。比如,告诉你的父母,你喜欢他们的哪些养育方式。告诉你的兄弟姐妹,你喜欢做他们的姐妹。和一个堂表亲分享你们曾经共度的美好时光。这样一来,他们就不会认为你意在打击他们了。然后,用明确的表达让他们知道,你要结束你们之间的关系。

避免去羞辱或贬低对方。不要表现出中伤的态度。不要说“你曾经……”,而要说“我过去没有明白/感觉到……”,或者“那时我需要……”,要么“有些方式让我觉得……”。

把该说的话说出来,然后说再见。

如果遇到那种表现出各种焦虑又提出其他问题的家庭成员,你可以把自己的感受写在信件或邮件里。务必解释你的感受,告诉他们你为什么认为出了问题,问题出在了哪里。如果那是一辈子的错,确保他们知道你对这种关系如何演变的感受。将凡是你认为是关系裂缝的细节都写下来,但需再次强调,要找到合适的方式,不要让他们觉得自己一无是处,而你什么都好。

至于写信,要让你的话总能被听到并非易事(在客观的物质层面和情感的层面都是如此)。你会想同时以电子和纸质的形式把信件发出去,以提高成功投递的概率。如果能选择读信回执(比如投递确认),你也可以使用。

真实的分手

我倒希望自己能和我父亲来个快刀斩断，因为自旁观者的角度看来这很简单。比反复挣扎着去弄明白什么是正确的做法，感觉起来更简单。但我也知道，如果你能这么切断和某人的关系，还用得着隔绝其他吗？也许你从未面对为何要和那个人了断的问题。分手过后，你也不必去多想。而我可能花了太多时间去考虑这个问题。我想取一条中间的道路。谁知道你能在疗愈中达成什么呢。

——崔西

面对你其余的家人

你家庭中的其他成员可能不会理解你和那个亲人分手的决定。或者他们和你感同身受，可以完全理解，但是他们没有准备，也没有动力或意向和你的父母、叔舅或堂表亲完全了断。(反过来说，你的了断也会成为他们了断的动力。)

你的家庭成员可能会因你造成的了断而恼怒,这或者是因为你搅乱了家庭的平衡,或者是因为他们现在不得不面对那个亲人,以便他从这关系的了断中解脱出来。为了让你知道你对家庭团结造成的伤害,家庭中的成员会无所不用其极。他们会纠缠着让你摆平局面,或者把你隔绝起来,以此向你证明你也会受到伤害。他们会捎带那个被你了断的亲人的消息,或者用电话和信息骚扰你。他们也会在社交媒体上发幸福家庭的照片(或者通过邮件发给你),这样你就会知道自己错失了什么。如果发生这种情况,最好的选择是,把他们从你的朋友圈里拉黑,或者忽略他们的邮件。

你会因为很多事受到其他家庭成员的批评。这其中包括给你的家庭成员下最后通牒,而且告诉他们如果不改变就会被你从生活中剔除出去;或者没有告诉他们需要改变什么而无论如何都要和他们切断关系。他们会说你残忍无情,因为你只写了一封信,而没有面对面地解决问题。或者,你们宗族的一些成员会对你嗤之以鼻,因为你和另一名成员了断了关系。而因为你身处家庭之中,就不可能和所有人断离(至少在大多数情况下如此)。即使你做得到,那受到伤害的人到底又是谁呢?(答案:你自己。)

真实的分手

我父亲出生在“二战”后德国附近的一座拘留

营。后来,他搬去了纽约,最后成了一名警官。在我11岁的时候,我问母亲她是否和我父亲相爱。我母亲对我含糊其词,大致的意思是否定的。父亲在工作的时候,我会和母亲坐在客厅,祈祷他在履职中被枪射中。

后来我多少了解到,母亲之所以从未离开父亲的原因是他曾经威胁要杀了她,如果她敢尝试的话。因为他在警局履职,就让母亲相信了无论如何他不会被逮捕。

我母亲最终还是离开了。在他们离婚期间,我一直和父亲交流,好让他以为一切都好。我母亲搬来和我住了一段时间,当离婚无可挽回的时候,妹妹和我都不再和父亲讲话了。这根本不需要经过思考。几个月后,父亲找到我。我给他写了一封四页的电子邮件,让他回答一些具体的问题。而他没有回答一个,告诉我他不能写,但愿意和我聊聊。我坚持说,在我们面聊之前,他必须回答那些问题。自那以后,就没有他的消息了。我给了他三次机会,仅此而已。那是2005年。

我妹妹比我小七岁,所以我们不是特别亲近。她和我父亲有特别相像的地方,有一样的暴脾气。她抛弃朋友,与人积怨,上完高中和大学后也没有几个朋友。

我总有一种印象，我妹妹离开我也无所谓。而最后的一根稻草是，她没有去机场接我，即使我努力找了一个合适的时间飞去看她和她的老公。

我们的关系就是那么结束的。

我不喜欢与人为敌，总是关注自己生活的改善。和我父亲的关系中满是过往的偏激。但在和妹妹的关系中，为什么我要屈服于她的侮辱呢？我一方面认为，如果我联系他们，尤其是我父亲，那么他就是胜出的一方。但我有更多的自尊心。那么多关于宽恕的说辞让人感到悲哀，但是我想，原谅我的父亲和妹妹我都做得到，只是不再能继续和他们的关系了。

——瑞安

家庭关系可能让人觉得不舒服，但有时候分手是附带条件的。这些“牺牲”值得你因偶尔和前家庭成员会面而感到不适，尤其是当你因为某个自己真的在乎的人而去承受这种不适。如果你90岁的奶奶特别看重家里所有的女孩每个月一起去看她，那么你满可以脸上挂着笑，去承受一个月一次和你那“邪恶”的继母共处。或者，如果你妹妹将要结婚，而她仍和你们的父亲说话，但你不是，那你就可以另找一种方式去庆祝她大喜的日子，别太把它当回事。

如果你的孩子想和他的祖父母联系,而你不再和他们有瓜葛了,那就不该替孩子去做这个决定。或许另一个能扮演中间人的家庭成员,可以确保你的孩子拥有被爷爷奶奶照顾的体验。或许你也可以在把孩子送去再接回的短暂过程里表现出一点热忱。如果有时候事不关己但却必须去融入,那么你的忍耐对他人来说就很重要了。

无论发生什么,如果有家庭成员试图说服你放弃分手,以下就是你能对他们说的话:

1. 我爱你。这事和你无关,我不想让它成为我们之间的事。
2. 我愿意和你聊一聊这件事,只要你不责怪不指责。
3. 这事我必须自己来做。我无意在这过程之中伤害你。
4. 这是我的体验。
5. 我愿意给你必要的空间,让你去处理这个情况。我也愿意为此和你好好聊聊,只要你准备好了去接受我的决定。

处理家庭关系的最好方式,就是先好好与你自己相处。首先,要观察家人对你的指责和要求,以及你对这些指责和要求的反应,和他们找到一种结束“愚蠢之争”的方式。一旦有了这种自觉,你就可以把握自己的情绪化是否以及如何在此分手中扮演角色。也许你还想找一种保持理智的方式。在你感到身心俱疲的时候,去健身房、练瑜伽或者是冥想,都可以让你保持头脑冷静。在分手期间写日记,会使你更好地理解自己在此过程中的感受，让你有机会继续观察自己的感受和想法。

事实上，在你即将结束给你的一生带来痛苦、挫败、恐惧和愤怒的关系时，你会感到宽慰、喜悦，甚至激动。而如果你能走到这一步，那就太好了。但是很多时候，和家庭成员的分手是一种悲伤和艰难的处境——尤其是当你意识到原本的永远已然不再的时候。

被分手后的注意事项

在写作这一章的时候，我采访了乔舒亚·科尔曼博士。他是研究父母隔阂关系的专家，《父母受伤之时：当你和已成人的孩子相处不融洽时的同情心策略》的作者。虽然他的意见侧重于孩子和他们的首要监护人的分手，这意见也可以被用在任何家庭关系上。

1. 成年的孩子有时需要或想要成长和改变的空间。有时候，他们只是需要独立的感觉。无论以什么样的方式，给你的孩子留出空间，对他们的发展都会是很有帮助的。

2. 做到尊重。倾听你的孩子，关注他们要说的话。如果你看出他们想要去改变和成长，那么在他们成长的道路上，你就会有更亲近他们的潜力。

3. 如果你的家人和你断绝联系，要感同身受。告诉他们，“显然这是你所需要的，我也不想让你感到内疚。我知道，除非你觉得这样做对你最好，不然你不会这么做。当你准备好再联系的时候，我会在这里，一直向你敞开大门。我知道你受到了伤害，感到不安，如果有什么我没有做到的，请告诉我”。

4. 有些事你必须去面对，接受这一真相。

5. 你可以不再努力和自己的孩子恢复联系，只要这孩子不是家里最小的。如果是，你应该继续保持联系，因为你必须要假定，他们可能是迫于更大孩子的压力才这么做的。

第七章

与社群告别

当社会学家查尔斯·乔赛亚(Charles Josiah)教授在1915年首次造出"社群"(community)这个术语的时候,我想他绝不会料到这个词会被人做何样的拓展(这一定义原本只用于对乡村社群进行社会学分析)。[①]现如今,各式各样的"社群"不胜枚举,或大或小,或平常或奇特。就拿佛罗里达州的吉布森顿(Gibsonton或称"吉布顿")社群来说吧。这个小镇一度因为一些前畸形秀(freak show)表演者而著称,其中比较著名的人物有"龙虾男孩""巨人艾尔""酷女孩珍妮",等等。

位于开罗边缘的曼什亚特纳赛尔(Manshiyat Naser)被称为"垃圾城",这也可作为一例。这个社群是开罗规模最大的拾荒者社群,是的,这就是他们所做的。而你不必越过大洋,就能造访位于南加州的板市(Slab Ciby,一个后启示录风格的艺术社群)。

我喜欢成为社群的一部分。因而我加入了一些性教育者社群,比如旧金山性信息及美国性教育咨询师和治疗师协会

(AASECT)。我也加入了这样的一个社群,社群里的人每年都要前往沙漠朝圣,聚在一起花几周时间建造一座城市,然后在一个美妙之夜付之一炬。这一活动被称为“火人节”(Burning Man),社群成员便被称为“纵火者”。其实,这一活动的意义绝不仅仅是建了什么或者烧了什么。我也尝试加入“新生妈妈”社群,以及和一群人一起远足或者骑行的社群。

当然,社群也可能与特殊的地理区域有关。比如,所有生活在圣塔库鲁兹(Santa Cruz)山脉的人都隶属于同一个社群。或者,社群也可以指居住在某一特定建筑或建筑群里的人,比如老年公寓或小区,其特点便是这些建筑共享一扇大门。社群可以是一座小镇、一个郡、一个国家,乃至一个宇宙。在大学里,你和与你主修同一门课程或者碰巧住在同一寝室的人就组成了一个社群。女生联谊会、兄弟会,以及其他一些因为共同兴趣而形成的群体都可以是社群。

社群可能涉及宗教,比如前往同一座教堂、寺庙、清真寺;比如信仰或者不信仰某个神。甚至于,社群可能与你的肤色或者辈分有关。

社群可能与共同目标有关,比如“无名酒鬼”(Alcoholics Anonymous,缩写为AA)这个社群就旨在为那些决计远离酒精的人提供帮助。社群也可能同社交有关,一群把自己打扮成小丑的恋物癖者可能属于一个小丑表演社群。那些以穿戴红色帽子、紫色衣装为荣的人,可能是在炫耀自己在“红帽会”(Red Hat Society)的会员身份。

在某些神秘的社群或地域中,人们可能会狂热地崇拜一位领袖或者某一种信仰,社群也就因此有可能走向邪恶。它会呈现出近乎邪教的表象,个体在这种思想控制中只能成为集体目的的一部分。在这些情况下,要成为其一员比较容易,而一旦陷入其中,你就会发觉你无路可逃。

社群的价值

社群是人们的群集,他们彼此信任、互帮互助。我们经常认定社群为"我们的人",因为在这个特殊的群体中,我们有着一致的旨趣和共同的目标。通常,这些人会帮助我们增进自我身份认同,和我们共享一致的目标或兴趣;他们激励我们,让我们感受到安全、支持和关爱。也就是说,当我们路遇艰险的时候,社群会帮助我们坚强面对。如果单独审视社群中的每一位成员,我们可能会称他们为朋友、兄弟姊妹,或其他形容他们与我们关系亲密的称谓。他们早已超出了集体的意义。当我们生病的时候,他们前来悉心照料——为我们带来食物,送我们去看医生;当我们不想孤独时,他们陪伴左右;当我们经济上捉襟见肘,他们一起筹钱帮助我们;当我们需要场地开派对的时候,他们竭尽自己的关系和资源帮我们找到场地。

社群重视其成员的价值，反之亦然。社群可以激起信赖、友爱、亲密、独立、归属、互相依存、联系和鼓励的感受。社群向我们展现出一种平衡独立与合作的模式。对于你原来的家庭、学校，甚至是你的身体而言，你可能曾觉得自己是一个局外人。但是当你找到了自己的社群，就好像找到了家一般的归属——你被理解和接纳的地方。

反过来说，社群也可能导致相互依赖，这会使我们感觉仿佛与社群之外的世界隔绝开来。甚至于，社群可能成为我们唯一的信息来源，从而扭曲我们的价值观。它会使我们不禁怀疑，我们是否还是一个独立的个体。当这种情况发生的时候，社群也就开始令人失望了。

然而，我们仍希望社群帮助我们出类拔萃，使我们精神饱满，感受彼此共同的联系，相互扶持；希望它帮助我们成长，挑战我们既有的思维，使我们感受到满满的爱意和关心。这种联系一旦不再，我们就会坠入迷惘、孤独乃至完全毁灭的境地。当社群不再支持我们的信仰、观念和经验时，我们会感到如此失落，以至于去苦苦寻觅另一个积极的出口帮助自己。

社群大于我们自己。它也大过家庭、朋友、同事——它也许是我们在这世上所从属的最大的概念。而某种宏大之物的崩溃，将使我们觉察到自己的渺小和无意义，以至于根本不知道下一步该走向何方。

与社群作别当然十分艰难，但身处一个于你毫无作用的社群则更为艰难。

斩断牵连之后

若你觉得离开原来的圈子对于你来说是件大事,那么它的确不容轻视。所以此时你最好利用这次离开去寻找自我。务必结交新的朋友,或至少在全新的事物上投入时间。不管你是否和旧友保持着联系,都和他们保持一定的距离。在你重新开始和自己曾经的社群中的部分人联系之前,重中之重是,你要形成独立的个体意志。正如我之前所说,找到那些可以激励你敞开心扉和发现你真正追求的朋友。

在寻找过程中,你会发现自己需要一个自我反思的出口,它可能是你所认为的具有深刻精神性的事物。对于一些人来说,冥想和瑜伽可以让你和身体以及更高的精神召唤之间保持联系。新的仪式也可能取代你原来的宗教。加入合唱队可以给你提供一个机会,让精神贯穿你的身体。参加“五韵歌舞队”(Five Rhythms dance group)当然也可以,这个组织的成员聚在一起,以舞蹈和运动的方式去超越自我。你也可以参加诸如“美利坚大哥大姐”(Big Brothers Big Sisters of America)这样的组织,它们会使你感觉自己服务于一个高尚的目标。当然,你不必阻断重归社群的后路,但是你确实需要先敞开心扉寻找你自己的路,以此来确立内心的价值尺度。

远离社交媒体

社交媒体已经改变了我们同家人和朋友的交往方式,也极大地扩充了对拥有一个社群(以及拥有追随者)的定义。首先,朋友并不意味着是你亲眼所见的人,你所关注的也并非一定是真实的人。现如今,我们可以在一个虚拟空间中过着看似完整的生活(不论你满意与否)。

我们在社交网络上分享我们自己——分享我们的思考、恐惧、希望、梦境,或者早饭、午饭和晚饭的图片。我们也通过社交网络寻求帮助、乞求原谅、征求建议。我让一些人分享了他们由社交媒体导致的真实的分手故事。尽管社交媒体带给我们一段非常奇妙的联系,但是它也浪费了我们很多的时间。社交媒体会摧毁一些社交关系:由于我们误解了一些人的文字,或者恼恨于某些人所持有的观点,抑或由于把某些人说给别人的言语错当作说给我们自己的。尽管大多数人并不会在社交媒体上结束自己的爱情,可是我们依然要同各式各样的在网站上认识的人断绝关系——特别是那些所谓的"朋友",尤其是因为这些朋友说出一些我们认为是冒犯的言论(比如种族主义言论)，或者讨人嫌地宣扬对某些宗教或者茶党[1]的热爱。总之，我们有时也会和社交媒体分手。

当我们发现自己已经在屏幕前待了整整一天的时候，也许才会意识到社交媒体盗取了太多我们本来可以有意义的生活。此时我们可能会下定决心关掉社交媒体，走入真正的生活。大多数情况下，分手只能维持一段很短的时间，因而分享同虚拟世界断绝联系的经验就显得尤为重要。

在把你的资料从所有站点上删除之前，先发送最后一条推文、图片或者是信息，从而让你的圈子知道你要离开。因为我们并不是整天等着社交媒体更新，若悄无声息地离开，可能让其他人以为你出了什么大事。他们会以为你只是在跟他们断绝关系。

出离的时候，找到一种合适的方式让你的圈子知道你的消息。别的不说，这毕竟是出于礼貌，而且是一种确保你不在的时候没人会给你发送重要信息的方式。

---

1 茶党(Tea Party)，1773 年发端于美国东北部波士顿的右派民粹主义运动。——编注

如何与社交媒体分手

“几次三番之后，我才终于跟脸书分手了。分手之前我发了最后一条信息让朋友们知道我的这一举动。沉迷于脸书的世界是十分糟糕的体验，而且极其容易再度沉迷。至于原因，是我住在离我的家乡差不多两百英里[1]的地方，我只有通过脸书才能联系到家人，这是我不能戒断脸书最重要的原因。”

“我已经删掉了我的账户，且已经坚持了五个月了。我没有对任何人诉说这些，悄无声息地就删除了，并且再也没有登录过。现在我都不知道上面发生了什么。”

“几年之前因为我生命之中某人的去世，我沉浸在极度的悲伤之中，这使得我几个月里都没有使用脸书，因为我不想再读到哪怕是一条坏消息。我告诉人们我要离开一段时日，未来的某一天可能还会回来。”

“每年大斋期（Lent）我都会停用社交媒体。这段时间里我就会审视一番社交媒体对于我生活的影响；重新发现我周遭的环境；面对面地与朋友和家人联系；研究出新的食谱、新的针织方法；抑或反思自己的祈祷是否虔诚。”

1　1 英里约 1.6093 公里。——编注

同其他团体断绝关系

出于相同的兴趣或者目标而组织起来的团体，会比网络社交团体存在更长的时间。这些群体的规则和管理并不如邪教群体那样严格，他们并不强制你去认同，当然，如果你是认同的，就会更招他们喜欢。通过诸如“纵火者”、姐妹会、兄弟会、本地作家团体等有着固定节日活动的团体，你可以找寻到自己的社群。通常，你离开他们的原因是他们已经无法满足你对生活的期许，也可能是你厌倦了在规矩内行事。

我上大学的时候加入了姐妹会。这个社群有趣、机灵得让人难以置信，但这种理念正是我最终离开的原因。在姐妹会的那段时间里，我以友谊的名义收获了很多。那些我大学以来最好的朋友，我曾和她们以“姐妹”相称。

友谊之外，这种社交生活套住了我，让我渐渐地对专为注册会员开绿灯的团体心生厌倦。所以，在澳大利亚待了一个学期后，我决定回家，体验一种更加独立的大学生活。我心里有一种正义的想法，认为投票决定人们是否有资格入会的做法非常刻薄、冷酷、枉顾对方的感受，所以我不想对其他那些被拒绝加入姐妹会的女孩负有责任。

姐妹会的会长恰好是我小妹妹，是她让我离开（因为我拒绝投票)的时候,我才离开的。我仍与姐妹会里面的人保持着朋友关系,但是离开了这种只与有限的几个人打交道的生活。回过头来看,我希望当时可以同这个小组更正常、体面地道别,好让她们知道我的感受。这样的话,她们就会更理解我,而不是听信别人对事情的说法,以得出自己的意见。但事已至此,还是继续生活和学习吧。

然而,在因共同的兴趣爱好而结成的团体里,你结识了一些朋友,当你要同这整个团体分手的时候,却可能发现自己舍不得他们。在这种类型的分手中,即便你依旧同一些成员保持着联系,但却感觉自己好似被集体排除在外了。而且,同一些人保持联系,还可能会让你在建立一种有别于这群体的身份时陷入挣扎之中。如果你不想做彻底的了断,那你可能需要和那些你依然想要保持联系的人商定一些界限。例如,禁止谈论那个团体。毕竟,如果这就是你们真正分享的东西,那这段关系又会维持多久呢?

你们可以在约定的时间里,为了某种特定的目的重新聚在一起,至少是在你的生活恢复秩序之后。例如,你可以只在每月的第二个星期二会见你的这些旧友,然后一夜闲聊。或者你们每月固定举办一次读书会。寻找其他焦点——那些把注意力从原来的社群交流移开的焦点,这样能够使你和旧友建立新的兴趣契合点。

如果你打算彻底脱离团体,那么就面临着和其他分手类型一样的选项。和团体成员面对面地交流,把你要传达的信息告诉他们。见面之前，把待在团体中的利和弊列在一张表上，见面时可以照表格上的内容表达你的立场。感谢他们给予你的那些愉快时光。即便你不会放下过往的不愉快，如果一些事没有必要说出来，就不必去破坏现状。毕竟你就要离开了，但如果想到一些团体可以做的事，这时就是你表现的时候了。

如果面对面地交谈并不适合你，那么写信或者打电话总还是一个选择。给团体的负责人打个电话，或者给他们发一封电子邮件。让他们知道这个团体为你所爱的方面，也告诉他们你为什么要离开。如果你不介意以后同他们保持联系（尤其是对那些因共同兴趣而组成的团体），那你就可以留下自己的邮件地址，以此作为联系方式。

正如我在其他章节里所说的那样，玩消失并不酷。对于那种你因为其中有自己喜欢的人和喜欢做的事情而加入的团体，更是如此。即便是给他们发一份邮件，说一句再见，也比一言不发地离开更能够表示尊重。让所有人知道你已经不在他们周围，并且亲自做出解释。即便你只做了这些，当你们再撞见对方的时候，也不会觉得尴尬。

真实的分手

. . .

十五年后，我终于与“无名酒鬼”做了了断。我一直都喜欢那些通过"无名酒鬼"相识相知的人,这些朋友同我一起度过许多艰难的时刻,每个人都向对方袒露自己曾经的伤痛。在那里,我时常会被真诚对待。这些相互之间的关联,帮助我们走出阴霾,重建自己的生活。

我最终意识到我同AA渐行渐远,因为我没有参与集会,也没有担保人。其他成员在尽力而为的所有事情,我都不想去做,对此我感到内疚。我只是觉得,这个团体是个累赘,而我需要继续生活、成长,拥有不同的体验。而且,我认识到自己并不是所谓的酒鬼。我的确经历过一段沉迷硬性毒品的糟糕时光,但既然被迫鉴定为酒鬼,我就说服自己仅仅是沉迷酒精罢了。最近,我的确是在喝酒。然而,墙没有塌,我也没有死,甚至都没有呕吐过。这似乎表明,酒精于我来说不是什么问题。

我最后一次尝试和一名担保人一起共事的时候,我知道我下定决心了断了。她告诉我说,我就快要死了;还说我的伴侣是个可怕的人,想控制我。尽管实际上,我的担保人才扮演着这样的角色。我必须参加她要我参加的集会,还要去她家里"一步一步来"。我基本上和"无名酒鬼"以及那里认识的大多数人斩断了联系。我所认识的大多数人都不再跟我讲话了,因为那时候他们想让我过清醒的生活,而我却没能如他们所愿。

现在，我实际上在通过练习瑜伽、接触自然、冥想、沉思等办法善待自己。我意识到自己绝不是一个依赖集体的人，真的喜欢自由地思考和行事。我也感到，无论怎样，我都有一种善待自己的本能。有趣的是，当我不关注“酗酒的我”时，就感到和他人的牵系更紧密了。我对世界有了更多的感知，以至于我觉得应该尽我所能为人类做些什么。

——安吉尔

分手期间，照顾好你自己

有时候脱离团体可能意味着与你的整个世界分离，而且从字面上来说，那可能真是你的整个世界。你不得不独自与你的思想和情感为伴，进行一场艰难的转变。而说到与社群分手，在保持忙碌与留出时间进行反思之间做到平衡是很重要的。

试着记日记，向后反思过往的生活，这是你过渡到下一个阶段的极好方式。如果你在分手之前就开始记日记，那就更好了。因为这样你就可以去重读过往的想法,正是它们让你身处当下的境况的。

你需要给自己足够的爱和尊重,所以应该去做那些自己喜欢的事。去健身房健身,跳跳舞,选一门优秀的瑜伽课,或者做拉伸,这些都会让你更好地体察自己的身心。试着做一个“私人祭坛”,它会让你一目了然地看到,是什么成就了强大而美妙的自我统一体。或者做一个“梦想板”,给自己一些对于未来的关注点。

跟老朋友取得联系,不管他们是不是你出走的那个社群的成员。去看场电影,让心神从自己的旧事里抽离出来。计划一次去未知地点的旅行,或者去任何一个可以让你与自我对话的地方。而且要记着,如果没有适合你的社群,你甚至可以自己建立一个。我就曾想着建立一个由女强人组成的社群,然后我就有选择地邀请了一群人,最终组成了“女神天团”(Goddess Group)。我们每月固定聚会一次,致力于女人们的团结和强大。当团体内有了太多的社交和八卦的时候,我们就解散了团体,更多地进行一对一地交流。

可是,无论我何时需要帮助,都会想起这些女人。即便团体已经解散,我仍记得曾从她们那里得到的能量。无论你采取何种方式脱离你之前的社群,你应该相信,除了你知道的那些人之外,整个外面的世界都可以给予你希望、灵感和抚慰。因为社群无处不在,甚至就在你的门外。

被分手后的注意事项

1. 有人不同意你的观点,这并不是什么问题。我们都会去相信他人不相信的东西,所以对你之前的社群成员那变幻不定的观点,你要知道如何应对自己的感受。

2. 你可能想要之前的社群成员回心转意,但还是给他们走自己路的空间吧。

3. 当你发现自己对别人逼得太紧的时候,向内反省一下,看清楚为何鼓励变成了逼迫。你的生活里到底缺失了什么,让你变得想去说服他人,让他们认为你的方式才是对的?

4. 不论你是为之前的成员感到高兴,还是因为他们的离开受到了伤害,都和你的社群谈谈自己的感受。

5. 如果成员的离开也让你想到了离开,那么去社群的前成员以及你外面的圈子中沟通,寻求为了分手而需要的帮助。

第八章

与你的工作告别

我们一生之中大部分时间都在工作。有时我们是为自己或者为一些确定的目标工作,不管是寻找到一种疾病的治疗方法,还是挣钱以过上舒适的生活,抑或是减肥、学着不再使用“应该”这个词,等等,这些都是在工作。但是对于我们中的大部分人来说,工作就意味着为了别人或者自己的生存而找一份工作,领一份薪水。大部分人的职业是由“成功”驱动的,即我们总是朝着某些目标而奋斗。

我们用大量的时间以那些“为生存”而做的事情定义我们自己。这很有美国特色。我们询问自己,或者在跟不太熟知的人聊天的时候也经常会被问及这个问题。事实是,我们太过关注于“我们所做的”,而不是“我们是谁”,也因此,同我们的工作或者职业分手就显得尤为重要。

职场可以为我们提供很多的机遇:提供一个地方让我们作为一个个体或者团队的一员发挥功用,给我们学习各种技能的机会,促使我们找到自己真正感兴趣的东西。在职场之中,我们可以受到那些和我们拥有共同目标的人的激励,我们也被赋予以往在家庭中所没有的责任——这是一个在家庭之外值得投身的地方。职场给我们提供了一个在家庭和朋友之外的重新自我认知的机会,在这里我们可以尝试各种不同的角色。有些人找到一份工作后就坚持做了一辈子,但是其他人工作是为了获得经验、学习,适时的时候也会选择跳槽。

无论如何,当我们的工作关系不再发挥作用的时候,那么这段关系也就损坏了。如果我们无法确保这段关系可以被修复,那么也许就需要分手了。有时候,分手并不是你所能左右的——你可能会被炒掉或者因某些原因被解雇。但是在另外一些情况之中,你可能会对你的工作失望透顶,因而需要一次全新的历险,或者,仅仅是想要改变。

真实的分手

表演这份职业简直太难了。你尽心尽力学着,但是却难见成效——即便你在这方面天赋卓绝(很可惜我还无此天赋)。我可能是一个不错的演员,但很难称得上优秀。我真的厌倦了这样的日子:没有工会,没有代表权,没办法得到自己十分期待的演出机会,去公开竞聘等待两小时说话两分钟,做着自己都羞于告人的工作。压垮我这个演员的最后一根稻草是那次我参加电视台真人秀拍摄，当时只觉得这事挺有趣，而且还能让几百万人在电视上看到自己。可是实际的拍摄完全是一场噩梦，节目也永远不会播出了。我回到家，一切皆了。

分手既简单又难。我取消了《幕后》(*Backstage*)的订阅，推掉了所有演出通告，不再给人寄照片和简历，收回我曾经递送给别人的自己的资料。关掉语音信箱则比较困难，而回避我的演出网站则**更为**困难。

最糟糕的是我要应付梦想不再的失落，那是我几年来倾尽全力做的，如今却不再是我生活的一部分。我感觉到的是彻底的空虚。我一度(如今也是)不知道应该再去干点什么别的。当我投入到表演之中而且也因此获得报酬的时候，其实我并不觉得这仅仅是一份工作，而是生活本该有的模样。大约两个月的时间里，我都沉浸在极度的沮丧之中，以至于我可能需要医生的介入。

我并非怀念过去那份糟糕的工作，而是怀念那种有目标的生活，如今我依然不觉得我重新找到了这样的一个“目标”。成为父亲减轻了我的焦虑感，但我依然时常怀念当初的感觉。

——乔什

“工作”与“职业”之不同

工作是一种限制个人发展的雇佣状态，通常不需要特别的训练和培养，即便需要，一般来说这些技能也可以在工作中学到。

而职业则是由一系列的工作组成，是你满怀热情达成某个目标的历程。这通常是一个长期性的概念，需要的是额外的训练和薪金。工作则通常是按小时付薪水。

你可以从一份工作转到另外一份工作，如同机器之中的齿轮一般，但是你如果考虑到职业而选择跳槽，那么你将会觉得自己是机器运转的必要组成部分。

遇到糟糕的工作大不了找另外一份同等薪水的工作，但是如果遇到糟糕的职业，随之而来的则是巨大的压力、焦虑和抑郁。而如果你坚持做不适合你的工作、职业，那么就生活满意度而言，二者都可能导致你的后悔和自责。

改变职业：全年龄段的抉择

改变职业之时，我们会遇到巨大的压力，这很大程度上是因为我们需要钱去维持生存，或者因为我们对以往十分热忱的事情再也提不起兴趣。当我们年纪渐长，我们也承担起更多的责任，这些责任就会阻碍我们做出一些大的、改变生活的决定。尽管责任需要的是牺牲，但是也需要我们对生活达到某种程度上的满意，所以我们需要挣钱来达成这一目标。即便责任使我们觉得与职业分手似乎是年轻人才能担负的事情，可对于全年龄段的人来说，这对他们能否在职业选择中享受乐趣至关重要。

相较于我的朋友，我多次与自己的职业分手。一开始我梦想着成为一位知名的在线广播主播（我大学刚毕业那会儿想做），之后却改变心意，做了广播和电视制作人，接着，又成为一名知名性教育者。为了让我这一方面更加专业，我还去念了研究生，最终我拿到了性教育的博士学位。每一步我都树立全新的目标，都在追寻另外一个自己。

当然，当我做这些重大决定的时候，我还单身，只需要照顾我自己。如今，作为一个母亲，情况已经大为不同了。尽管我依然不时需要做出重大决定，但是我会告诫自己要储备好一定量的钱以维持相当的生活水准。但问题是，你呢？

追求一份全新的职业、埋头走自己的路，这听起来很令人振奋。当你投身到自己选择的道路之时，你会由衷地自豪于对自己保持着诚实。很难想象四五十岁的你会选择冒这种职业风险，但是这也是可以理解的。当然，这听上去像是中年危机，但是也有可能变为一次“中年洗礼”。

分手之前你要知道的事情

与职业、工作的分手并非总是可能，尤其是当你有一大家子人要养活、有账单要付，以及对为未来准备一定的钱没有什么清晰思路的时候。事实上，当你没有得到你需要倚重的支持的时候，贸然离职是相当可怕的。有时，若决计离职，最好的方式是一开始便要慎重地思考一番你究竟想要做什么，以及列出你每一步可达成的目标的时间表。

除非你是单身，或者仅仅是为自己工作，否则一次职业变动将会影响到你的家庭、室友（若他们问起你怎么交租金），甚至是你的同事。如果你已经结婚，那么你需要跟你的另一半好好谈谈，让他们在经济上帮助你一段时间。重要的是，你需要时刻审视，目前所做的是否适合自己。

真实的分手

某天凌晨两点，我终于得出结论：我根本入错了行。那时我依然清醒地端坐在电脑前做着自由网络开发工作，并且享受其中。我回想起那天的早些时候，我目不转睛地盯着钟表、不令人满意的文案和正在校对的广告。然后我确定，自由网络开发这份工作很有趣，我实在不必困在我那份没有什么前途的工作之中。于是我开始通过网络课程和线上小组来学习知识。

对我而言，发展人脉很重要。我必须外出与行业里的人打交道，学习他们的技能。但这并不容易，在你变老、肩负起更多责任后，它甚至更难了。我是在30岁时做出了这些改变，那时我已经结婚，也有了自己的房子。但是当时我想改变的愿望如此迫切，所以我腾出空来、作了一些牺牲。那时我睡得很少，我需要利用假期来赶我的项目、开会、去参加社交活动。终于，我积攒了足够的信心，告别了原来那份文案写作工作，开始了我的新职业：网页开发者。

最困难的部分是对未知的恐惧。大学毕业之后，我只干了一份工作，在那个岗位上坚持了很长时间，可是如今，我却凭借自己的新技能，在纽约步入一个新的行业。作为广告文案撰稿人，我供职于新泽西郊区的一座工业园，所以于我而言，在纽约工作是一件重大而又令人生畏的事情。原来我是开车上班，现在是坐公交。我对地铁的运作是一窍不通的。我结婚了，并且拥有一套公寓，所以如果事情不顺利，我还是很有压力的。然而，我爱人却坚定地支持、鼓励我。她鼓励我放弃原来那份工作，因为她知道我并不喜欢。在成为自由职业者之前，她在纽约工作，于是她便化身为这座城市的向导，为我指指点点。她对我的支持让我的转行变得轻松很多。

这些投资终得报偿。如今，我很少觉得自己是在“工作”，因为即便我腰缠万贯，再也不必工作，我也愿意坐在电脑前写代码。现在回想起来，先前的工作可称得上是一场噩梦，即便在新工作中我遇到一些困难，也比原来一帆风顺的时候强太多了。

——迈克尔

对自己的决定越是确定，那你就能得到越多的支持，你也就越能处理好途中遇到的挑战，包括你有可能会发现，自己的决定其实是错的，有可能发觉自己其实哪儿也不想去。不必再犹疑了。这里有一些预防性的措施可以借鉴。这可以确保你只有在做好充分准备的情况下开始新工作。

与你的家人商议

家人的支持是在你转行期间不可或缺的。你最终的决定会影响到他们,所以在你作一些重大的抉择之前,最好跟他们商量一下。即便你十分痛苦、真的需要改变,你也需要计划好如何支付租金、账单和其他日常花销。

与专家商议

人生导师可以极大地帮助你逼问出自己真正要追寻的目标,帮助你找到通往成功的路。职业顾问可以帮助你规划好未来各种选项,助你在自己的道路上顺利前行。

求助于人力资源部

如果你还想待在组织之内但是想换一下自己所负责的工作,那么跟人力资源部的人谈一下会对此有所帮助。

停薪留职

了解一下你公司的政策是否支持带薪或无薪休假。在这段时间里，你可以寻找另外一份工作，或者回学校。这段远离工作的时光会让你审视什么是切实和可行的；这也给你提供了一个沉下心的机会。

志愿服务

每周花几个小时为那些可以给你鼓舞的地方或者事物提供服务。或者，如果你有钱或者时间充裕，那你大可以辞掉工作，到国外、到热带地区从事志愿服务。说不定这些志愿活动就可以启发你开始新的职业。通过一段时间的工作休假，你可以到你一直想去的地方，去尝试一些你从未料想到的工作。

写下来

如果你不确定你为何要离开或者下一步该怎么做，那么就先写下来。首先，分别写下你留下来和离开的理由。然后，写下你心目中真正想要从事的职业。缺失某些细节也不要紧，这不重要。例如，你不必知道你想要帮助人们解决税务问题，只需要知道你想帮助别人这一点即可。在自由支配的时间里你爱做的事或许可以给你灵感，比如喜欢待在家看电影或许意味着一份不需要大量外出的工作更符合你的旨趣。

自己研究

仔细阅读领英(LinkedIn)之类的社交网站,关注那些你崇拜的人的职业,到其他一些求职网站搜索一下可行的想法。跟那些正在做你目标职业的人谈一下,让他们知道你对那个领域十分感兴趣。请他们喝杯咖啡或者吃顿饭,这样方便你向他们咨询建议和职业指导。查找一番看看有什么你可以参加的公司培训和会议,这样可以帮助你拓展技能和人脉。加入一些线上小组,分享你们的兴趣。最后——也是你可能会关心的,调查一番以上这些活动以及你要在这条路上成功走下去所必需的各类资格证书的花销。

打造一份傲人的履历

撰写一份很好地突出你优势的简历。你是否是工作组的管理者?或者,你是否是出了名的问题解决达人?突出你的领导力和人际交往能力,这会让你得到理想的任用。在你的爱好中寻找灵感,从而找到理想职业。

找到你的快乐所在

平静地接受这一事实:一切可能需要从头再来。即便你将要从头做起，也不要让年龄、他人阻止你享受学习新技能的步伐。至于职业，逐渐进步必然好过混吃等死。

与职场分手

当决计要离开你的工作和职业的时候，记着要保持坚强和镇静。总之，要严肃地对待这件事，如果你动摇了，就要想一想自己为何要离开（回去找到那张写着优缺点的表格，如果你写下来了）。同支持你的人们讨论你的疑虑。深呼吸，回想一下都有什么原因促使你作了最终的这个决定。然后不再犹豫地辞掉这份工作。

尽管你可能也没想着再回来，但是用委婉得体的措辞告别还是更好一些。如果你确定将要辞职，那么尽可能多地做你手头的工作，这样就可以确保你可以有一份推荐信——不管你是否需要。万一你想再回来，委婉得体的告别可以增加你再次被接纳的可能。

真实的分手

2013 年 10 月，我们公司的市场营销部又有了一个数字营销总监的空缺岗。我对这个职位非常感兴趣，但是由于并没有公布招聘启事，所以我也无法正式申请。

此时我正在拓宽我的搜索范围，以增加我获得理想工作的可能性。我妻子找到了一个在基督教青年会（YMCA）的职位，然后我申请了。令人惊喜的是，我竟然得到了回应，获得了面试的机会。

步入11月中旬，我那时是基督教青年会这一职位的最终候选人。一个周一的晚上，我正在工作，我在内部员工网站上搜寻公司里一些人的职称（我在一家大型电视网工作）。我胡乱点击一通，然后注意到我感兴趣的那个岗位已经招到了人。第二天早晨我就这件事质问我的老板，据我所知，这一职位的招聘并没有经过面试。可是他对此没有回应。

与此同时，基督教青年会这边已经开始了履历复核（reference checks）。最终，周五早上，电视网总经理回应我说，的确，他们已经补齐了空缺的岗位。我对这种处理方式表达了不满——并非是因为其他人获得了这个职位，而是我竟然从未获得面试的机会。那天下午，我获得了基督教青年会的录取通知，我赶紧打电话告诉我妻子。

我接受了那份工作。下周一，我到老板的办公室递交了我的辞呈，然后又去总经理办公室告诉他我要离开的决定。对此我别无留恋。

最难的是离开与我长期共事的同事，以及离开电视/娱乐行业这一舒适区而去涉足基督教青年会这个领域。改变总是艰难的，以至于我用了三年时间才得以离开。我会推荐大家保持人际关系网，常联络老同事，客客气气地离职。

——加文

如果你发现你一些同事得知了你的事情，那么赶紧在事情传得满城风雨之前阻止他们。在你到老板的办公室之前，先提前准备好电子邮件，在你们见过面之后立马发过去。如果你在工作中结识了亲密朋友，那么你可以通过邮件约他到附近的酒吧或者餐馆吃个散伙饭。当然你们也可以约定每月聚一次，这样你就不会错过办公室八卦和其他有趣的事情。当谈到你要离开同事这个决定的时候，诚实地阐明你离开的原因，但是不要批评公司（即便公司活该挨批评）。并非所有人都像你一样有机会离开，尽管你的一些同事想同你一样出走，但是他们并没有足够的能力或者干劲做到。若是他们喜欢他们目前的工作，他们就更不乐意听你讨伐他们的雇主了。尽管你的同事们可能会伤感于你的离开，但是他们也乐见你走上自己想要的道路。

谈及辞职这件事，其实唯一真实的选项就是当面分手，除非是你工作的地方太过遥远。若真有这种情况，那么你可以通过电话和邮件告知对方。记住,一定要礼貌客气。即便你对被指派的工作深恶痛绝,恨不得立马在跟朋友们一起的篝火晚会上脱下制服一把火烧掉(记着,烧衣服对环境不太好),但在离职面谈上,一定要保持礼貌谦和以及感恩的态度。分手之时,向那些在你的工作中投入时间和精力的人表示谢意,若是可以,给他们留下一席好印象。还有,如果你需要,可以用最温和的手段表示出你的不满。

如果他们在你之后招到新人接替你,你需要考虑是否同意你的接替者向你求问职场秘诀。在这种情况中,问问你自己如果是别人辞职了,留下你接替这份工作,你会希望他们怎么做呢?

不幸的是,我们并不总是因为个人目标而辞职,而是因为一些更加复杂乃至艰难的缘故——比如要照顾生病的父母和孩子,人们也通常会对这种情况表示理解,因此也不会在辞职上为难你。尽管并非所有的辞职都是因为可恶的老板或者是办公室政治,但是不可否认,的确有这一部分原因。如果你的辞职是因为老板百般刁难于你,或者是因为你们公司不许女员工生孩子,那么你的辞职过程就不可能“岁月静好”了。这也未尝不可,正如那句谚语所说,抱着蜂蜜总会招来苍蝇。

同生意伙伴分手

当你和另外一个人共同创造出某个设想或者生意的时候，就如同是二人结婚且育有孩子。尽管当你们步入婚姻殿堂的时候可能不会琢磨离婚的时候谁会争取到这个孩子的抚养权（如果你这样想了，那你可能需要重新考虑这段婚姻了），但说到商业关系，在你们结成同盟之前，你们就应该把这些细节想好。对于坚实的商业合作，一次分手可能会抽干你所有的感情和财产。提前做好防备则可以帮助你应对这些问题。

你满意吗？

说到工作满意度这个问题，其实唱唱歌可以使人们快乐起来。网站 myplan. com[①]的一项研究发现，歌手对他们的工作满意度最高，消防员次之，紧接着是飞机装配工（谁知道还有这种工作？）、儿科医生、大学教授和心理咨询师。对工作最不满意的是各类秘书、文员（包括邮局办事员、公务员、保险政策处理人员、旅馆服务台接待员，等等）。家政服务员以及餐饮行业从业者同样对工作也有着较低的满意度。

正如婚姻一样，做生意时制定一份“婚前协议”是个好办法。不然的话，你可能会陷入无尽的扯皮纠缠之中，而要挣脱那些混乱却又十分复杂和困难。金钱和傲慢将会遮蔽你明辨是非的判断力。不管分手是因为健康原因还是恼恨，有些东西都应该被公平地处理。这也就是为何你应该考虑同中介人、律师、会计或者顾问这些人共事的原因了。

如果你能够在这场分手中始终保持冷静的头脑，那么这意味着你可以应对自己的忧虑、恐惧和感受。如果你的合作伙伴的所作所为似乎并不道德，那么这件事确实应该被严肃对待，第三方可以帮助你保持一个安全的位置。那也就意味着你需要指认出你合作伙伴的行径，比如暗地里进行交易或者对你隐瞒财务状况。或者，你只是想以不同的思路做生意，因此需要与昔日的生意伙伴分手，这样的原因无疑是正当的。

还有一个重要问题需要考虑，你和你的生意伙伴会遵照当初的约定行事吗？你们的关系终结之后，公司的名头和核心理念该如何处置？你是愿意买断还是让这些点子就此终结？这些都需要提前规划、商议好。最佳的方式无疑是双方保持最大的坦诚，而不是被恼怒或者仇恨所驱动。即便结束这段关系的原因可能并不光彩，但是试图找到符合双方利益的对二者共同“孩子”的解决方案，可以促使你从更宏观的视角看待问题。

被甩：被解雇或被裁员

若你被炒了鱿鱼,那种感觉就仿佛爱情突然结束一般,满是压力。你沉浸在悲伤之中,最终接受这一结局。如果你的身份信息已经被公司注销,这时候的离开感觉就像是要死了一般。但是失意之中尚有一线希望,你要知道你还有重生的机会。

为了度过这段哀悼丧失自我(由你的职业所定义了的)的时段,你需要直面失去。你可以去体育馆打沙袋或痛哭一场。很有可能,你想要通过某种仪式宣告这段职业生涯的终结——撕掉你的商业名片,或者其他的一些唤起你记忆的东西;抑或你可以念一段咒语,以此提醒自己终究会好起来。

你依然会想要保持忙忙碌碌的状态。你可以加入一些小组——无需非要与你过去的或者未来想找的工作有关系,以此来激发你的激情。你可能也要面对如何处理“身份两难困境”的问题——当这个问题在聊天中被提及的时候。若是有人问到“你是做什么的?”,想想那时候你要如何回应。你有没有其他喜欢做的事?你的爱好是什么?既然你现在已是自由人,可以寻找一条新路了,那你希望去做什么?

如果你被解雇或裁员,你可能得尽快离开公司(包括你自己和你的东西)。全公司都会将你暂时的驻留视作是对公司“最高机密”的威胁,当你辞职时,这种情况也有可能发生。不管是两种情形中的哪一种,在你放声大笑或大发脾气之前,先离开工作。在你做出任何疯狂举动之前,接受现实。在一过程之中,你可能会感到受伤、愤怒、失落、被拒、无价值或者不受人待见。另一方面,你可能会感到欢欣、自由、兴奋以及继续下去的动力。无论你感到了什么,直面它即可。

确保没有落下重要的东西。结清欠你的离职金和其他你应得的东西,如果可以,求得一封推荐信。

一旦你离开那里,那就**不必留恋**。去公园散心、看电影,或者把自己锁在衣柜里大哭一场,然后仔细思考下一步要怎么做。总之你要保证你可以在独自待在一个地方,只有你自己的情绪和想法作陪,这样就有时间把事情彻底地想清楚。如果这个法子会导致抑郁,那么就选择一个可以让你脑子保持清晰但是身体不必孤独的地方,比如在瑜伽课上感受禅意,比如在酒吧里买醉,只要你别把自己灌得神志不清即可(即便这对你而言很有吸引力)。

回家之后直接睡觉也是个选择,或者到地下室里给自己建个“窝”。不过别整日待在那里,因为这并不能帮助你摆脱沮丧。如果你不是一个人生活,那么就向你的家人或者室友解释一下,你需要自己独自待一段时间,准备好之后就会重新振作起来。如果他们坚持要问你事情的原委,那么你也要坚持守住自己的界限,让他们知道你一切都好。给他们一个拥抱,然后扭头而去,此刻你是你自己的主宰。

把你保证你没事儿的消息告诉别人,如果你需要别人的安慰、鼓励,电话或者短信里那些关注你的人即可,那些碍眼的、摆出一副“早就告诉过你”嘴脸的家伙们就算了。

随着你从改变之中渐渐感受到舒适,你可以听取别人的建议,得到他人的支持,甚至可以从这些亲近之人和他们的关系网那里得到新的工作机会。在你自信的时候,一切都会好起来,至少,你可以暂时把握局面。让那些与你工作相关的人知道你已经不再做那份工作,这些人包括你的同事(他们可能已经知道了)、你因为工作关系而结识的人、你的竞争对手,甚至是咖啡店的服务员。你永远不会知道你的下一任老板到底会是谁。

真实的分手

在我成为性教育者之前的将近二十年,我在一家世界顶尖的广告公司工作。在那公司的最后几年里,我参加了好几场同事们的告别聚会,他们放弃了自己的高薪职位而去追求人生的完满。一些人开了面包店,一些人涉足旅游业,一些人干脆待在家做自由职业咨询(freelance consulting)。我那时正好也处在职业倦怠期,羡慕这些人可以把个人的幸福放到首要位置。最终,我并没有足够的勇气追随我那些勇敢同事们的脚步,所以我选择继续做这份工作。我反复告诫自己,作为一个身负按揭的单身妈妈,我肩负着太多的责任,所以我不能为了舒心但没有保证的生活而放弃我的这份工作。而这一切因为裁员而改变了。

出乎意料地就成了失业者实在是令人恐怖的一件事,但这也是我碰到过的最幸运的事情,尽管我起初并不这么觉得。我当即就意识到,这是我唯一可以寻求改变的机会,现在不做,以后就绝无机会了。这是一个重新定义自我的过程,我一门心思地疯狂搜集各种信息——自学"人类性学",学习如何在市场中推销自己。从我褪去"职场妈妈"这个标签之后,我就迫使自己弄明白自己是谁。转变的过程很漫长,每天,我都在怀疑自己"不再回归职场"的决定是否正确。可是,每天,我都变得更加轻松和确信。

时间快进到七年之后,我幸福的感觉不但超过了以往,而且完全超出了我的想象。而且我的幸福感还在呈指数级地增长。直到我离开那份职业之后,我才意识到,那份工作简直是在摧残我的人生。现在,我绝大部分的工作都是待在家里依着自己的想法做。我有了更多的时间顾及家人。这让我由衷地感到开心和完全的自由。现在,工作强度并未降低,但是,工作不再是劳役。因此,我自己可以在短时间内做出巨大的成绩。放弃我原来的工作确实是我所作过的最为正确的决定,这让我和我孩子的人生丰盈了数倍。如果我早就知道这一结果,我早就在那次“幸运的”裁员之前就自愿辞职了。

——珊妮·麦嘉登(Sunny Megatron),
性教育家和电视节目主持人

· · ·

这不是我自己的决定,我是被甩了的。我同一半的员工一道被裁员(另一半下一年被裁)。这是我正需要的推动力,但我对此没有丝毫准备。

最令人为难的一部分是,我无法掌控这些。我尚有家庭,尚有一岁大的儿子,害怕思考下一步该怎么走。我接二连三地投简历,但却对此并无大兴趣。事实上,我一点也不喜欢我曾经做过的那种类型的工作。

我丈夫在这方面帮助我很多——简历、制定面试时间表,等等。然而,他有时候有些缺乏共情能力,这让我有时候难以在感情上得到回应和慰藉。我大部分的朋友都与我在一个行业内,如果他们尚被雇用着,那么向他们寻求帮助是比较困难的。而且,他们多数跟我在一个时间段内被辞退了,这群人要是聚在一起只会更加沮丧。一段时间里,我都沉浸在难过之中。

这就犹如结束一段恋情，但是在你需要下一段恋情之前，你拥有一段可以全由自己支配的时间。你可以尝试到一些约会场景之中，聊天、结识一些人，但是不必作任何承诺和决定。然而，我没得选择，只能跳回到原来的那场游戏之中。我最终找到了相关领域的一份工作，薪酬优厚，可是工作第一天我就发现我自己犯下了大错。三个月来我一直沉浸在痛苦之中，人、环境、工作，没有一样是我原本想要的。原本的那份工作，我每天都是充满愉悦地做着——至少是带着一定意义上的兴奋，可是这份工作我绝对不想花我每天三分之一以上的时间去做。

我考虑过自己是不是要重回学校学习，但是一切从零开始太过艰难。幸而，我丈夫新工作的薪水和搬家到更便宜的城市让我照顾家庭的同时去学校上学成为可能。

到现在，已经三年了。除了与家人和老朋友们聚在一起的时间少了，我比原来生活得更加快乐——结交了新的朋友，也有一个漂亮的(尽管有时候也显得无聊)地方抚养孩子。我放弃了原来的那份工作，但我想，这就如同一桩“闪离”的婚姻一般：它达到了它的目的，但却并不能如愿维持太长的时间。我再也不想像原来那样工作，不想看到一幕幕公司内斗的把戏，不想浪费我的生命让富人更加富有。所以，这次我的打算是倾注我的精力让人们生活得更好，在一天结束之后能够回到家里和家人团聚。

——娜奥米

改变可能令人兴奋，当然，也可能把你吓坏。但是因为这并非由你掌控，克服其中令人恐惧的那部分可以帮助你更好地体验到令人兴奋的那部分。被辞退可能意味着你对于你所在的岗位并非满怀热忱。如果真是这种情况，那么这也正是你寻找一些你更喜欢的东西的机会。如果被辞退是因为与老板发生了冲突，那么你正好再也无需理会他/她了。

如果你正好是大规模裁员中的一个，或者碰到了公司破产而失业，而你的工作并不特别到整个国家只有一到两个相似的岗位，那么你有很大概率可以找到一份类似的工作。而如果你没有，那么这也许是一次你自己给自己创造工作的机会。你可以通过重新回学校读书，找一份你向往已久的工作，或者到你一直想去的地方做志愿者（诸如动物收容所或者社区公园）等方法来重新改造自己。你可以升级你的简历，埋头苦干以期东山再起，或者你可以确定下一份想要的职业然后努力实现之。

勇往直前

在任何情况下,周围人强有力的支持都是必需的。在生命中,朋友和家人的支持从来都是最为基本的要素。如果你还没有列一个单子写下这些人,那么现在就列一份。不必一定要三五个人以上,只要有那些在任何情况下都可以给你紧急支援、让你不再感到孤独的人即可。尽管寻求帮助可能难以启齿,但是我们从来离不开别人的帮助。虽然你可能与职业或者工作分手,但是,人与人之间的关联和羁绊才是重中之重。

真实的分手

我从来没有料想到自己会结束在一份大型杂志上作为专栏作家的生涯。我对我的写作主题充满热情,并且已经得到了业内一位权威的承认和尊重——我甚至写过两本书,一段时间里,还做了一档固定更新的电台节目。毕竟,我所做的工作实现了我的目标,我没有辞职的理由。

但是最终我却辞职了。

给我最大冲击的是我深深地感到自我定位的迷失,很长一段时间之后,我才不再定义自己是个"曾经的专栏作家"。三年之后的某一天,我参加一个派对,这个无法避免的问题被提及:"你做什么工作?"我回答:"技术性写作以及赛马。"一个朋友大笑着说道:"她还曾经写过两本书和杂志专栏呢。"直到这时,我才发觉我已经完全忘记了我原来赋予自己的那个头衔了。

——瑞吉娜

纵然你的工作就是你的身份,给自己创建新的角色也是一件令人兴奋和充满满足感的事情。

你可能会发觉,你不再畏惧风险,尤其是在你已经失去很多的时候。这种恢复能力可以让你满怀热情地追求你自己的道路。并且要记着,很多职业,是在你两三次被踢着屁股扫地出门之后,才最终得以成功的。

根据最近的工作满意度调查,对自己工作满意的职人不满半数。[②]归根结底,如果你可以很好地在工作中找到满足感,那你就是"工作赢家"。

被分手后的注意事项

1. 尽管一份工作会给你一个确定的身份，但是放弃一份工作同样会赋予你一个新的身份。

2. 优雅地离开。不要诋毁老板和同事了，即便他们确实很让人讨厌。

3. 寻求支持。让人们知道你此时正在做或者下一步打算做的事情。

4. 准备应对这次结束可能会给你带来的情感冲击。

5. 记着，重新开创会带来新生。

第九章

同其他任何人分手

一旦你同你曾经尽心坚持了至少是人生一部分时间的事物分手(你的职业、表兄妹或者社群),那么同其他任何人分手也就似乎并不那么困难了。

不管怎样,这些你生活中的“小人物”——就是那些占用你有限空间和时间的人——终归会在你的生命里出现。他们可能是你的邻居,也可能是每天为你煮咖啡的服务生。如果与某人处在这种关系之中,但却再也不想让对方与你如此亲密,这并不意味着他们不值得庄重的告别。

但是现实中,当我们同这些人结束一段关系的时候,分手之“仪式”并不需要多“正式”。如果你到某位牙医那里看过两次牙,那连你的牙齿都会知道它们需要的只是氟而已。难道我们真的会对牙医说,我们不会为了清洁牙齿再来了?大概不会这样。但是,有时候我们同一些人建立的关系并不仅仅是如上述那般的点头之交。

即便一周的训练让你感觉到身体酸痛,你也不会在周末打电话给你最喜欢的健身教练,让她知道这一点。而如果你定期参加一门课程或者尝试过几次私教课,并跟课上的教练建立起了关系,那么当你在距离上次健身一个月之后,在健身房看到他们——或者他们看到你,手捧炸圈饼大快朵颐的时候,场面可谓是极其尴尬的。

或许你可以对与某位你不再光顾的发型师的偶遇,表现得“泰然处之”。你每次碰到以前的管家,如果都能假装无视过去的龃龉,那固然很好。但事实上,你其实并不需要担心你们二人相遇的时候到底会发生什么。不去装模作样地关心或者不关心某事,会让你生活得更加轻松。就让这一切都坦坦荡荡吧,如此这般,你才能看清楚自己到底走在什么道路上。

同这些人分手涉及这样一件事情:告别之时,你到底会给这些人何种程度上的礼貌?在这一方面,没有人能够完美解决(或者说,任何分手皆是如此)。但是,如果那些你将要与之分手的人在你的脑海中仅仅是一闪而过,那么他们也可能并不在乎被告知分手与否。而如果你知道某些人足以成为你整个人生之中的一部分,或者至少是你某段平淡日子的一部分,那么你真会一声不响地一走了之,而不告诉他们个中的原因吗?

听上去很荒谬，是吧？

好吧，同其他任何人分手听上去如同伸个懒腰一般容易，这尤其是因为，若不太注重一件事的开始和终结，分手就显得无所顾忌。同那些你关心的人分手当然是一项挑战，可是有必要和那些你不太关心的人“分手”吗？

当然，你可能根本不在乎这些，但生活中的小事情有时有着大意义。这类分手中所透露出来的东西并不难理解。同其他任何人分手可能是一种挺不错的结束方式。这类“小型分手”可能还会是赋予你生活意义的颇为重要的方式。

同一些人分手给予你们双方成长的机会。对于一些人来说，做出分手的决定可以让你学会坦诚，学会向别人敞开心扉，即便这于你而言比较难为情和困难。尤其是对于那些本该或者本不该做某些事的人来说——你也因此决定不再接受他们的服务——这也给了他们一个审视自己行径的机会。提供建设性的（而非批评性的）反馈可以让他们成为更好的服务提供者，也让你成为更好的沟通者。

如果从前一直在眼前的人突然消失不见，我会对此充满好奇，希望他们依旧活着且安康吧——是的，我的确会考虑到他们的死亡，尽管这是我脑海中的一闪念，但是这的确发生过。我确实这么想过，而这么想的也不仅仅是我一个人吧。说再见，至少会缓解对于“何事降临在你身上”的病态的好奇心。即便你同你的普拉提教练仅仅上过三节课，在分手之时，也要明确地向他们致以谢意。

一些人应该得到你的感谢，因为这些人在你的生活之中给你提供过帮助。无论是替你照料孩子还是看管房子，当你不再接受他们的服务的时候（尤其是对于那些依赖你付的工资而维持生计的人来说），你却不让他们知道你为何如此，这多少显得有些不近人情的幼稚。编造一个借口当然很容易，但是告诉这些人“这并非你的过错”（然而确实是）、“需要的时候我会打电话告诉你”（但是你不会），这些只会让他们苦苦等待你的回应，等待事情会有转机。即便他们并非那么渴求你的垂怜，如果你不能坦诚相告，一些你竭力避免的事情有可能就会因此发生。

真实的分手

我女儿三个月大的时候我就再次投入到工作之中，这得益于我那时候的保姆给我解决了后顾之忧。我起初还对她抱有不信任感，但是我这个尚要工作的母亲要对儿童托管服务工作者致以谢意，他们的存在使得本来棘手的境况变得可以让人怡然接受了。所以当我看到弗兰——有两个孩子的、当地的年轻母亲——的时候，我感觉她就是我理想的人选。

弗兰是一位聪明、甜美而又精力充沛的母亲，她从不会让我担忧把我“最贵重的东西”放在她家会不安全。这种安全感、亲近感在家长和儿童托管人之间产生，当这关系完美运转时，它是独一无二的，可是当这段关系面临终结的时候，也极具毁灭力。每天八小时，弗兰都替我充当着母亲的角色，这段话简明概括了我们之间的关系。

弗兰从我女儿三个月大的时候开始负责照看，直到女儿两岁生日那天。那天，她发短信告诉我说她要“结束关系”，说她需要在下午的时候好好谈谈。接到短信，我的心一沉。到她家的路上我一直在哭泣，我知道见面之时她要跟我说什么，但却不知道我该如何应对。她的房子被取消了赎取权，所以她和家人只好搬去她丈夫父母的家中。

我陷入彻底的慌乱之中，我可以买下她的那幢被取消赎取权的房子然后再租给她吗？我可以提高她的工资帮助她摆脱困境吗？事实上，我无法做到这些。她是一位26岁的两个孩子的母亲，丈夫是本地一家零售公司屠宰部门的副经理。我不能仅仅为了迎合自己而改变她的境遇，所以我只能让她走了。但是结果证明，这并不容易。

她结束服务之后一个月，我决定再跟她取得联系，因为我女儿老是问到她和她那两个孩子。她会答应在商场、在游戏区之类的地方见一面吗？我暗自思忖。幸而，她同意了，于是我们约定了这次见面，但没有确定时间。周末之时，我发了三次短信和邮件给她，问她计划如何，但是令人惊讶的是，她一次也没回我。一定有事情发生了，并且不是我能够掌控得了的。社交网络上她也全无回应，所以我甚至不能确定她到底在何处。我一直努力寻找，几个月里，我一直尝试用谷歌检索她的名字，看看会出现什么结果。直到有一天，我发现了一份她公公的讣告，于是我赶紧记下来。但是我并未因此感到一丝镇定。

我真的觉得，她在某种程度上抛弃了我，只因为她是我的雇员？这明显毫无道理嘛！她那么照顾、关爱我的孩子，所以在我的意识深处，我一直以为，这并不是故事的结局。某种意义上，我对她的信任感似乎是一个错误，从她一走了之之后从未想要了解我女儿的近况这一点上就可以看出来。尽管这依然不合逻辑，但是我不再搜索，不再发邮件，放弃寻找她的企图。

直到有一天，我们遇见了她。

不再联系的一年之后，我同我丈夫在本地的超市里，看到她和她的两个孩子就在我们前面。我飞奔过两条走廊想要叫住她，可是当她转过头来面向我的时候，我呆住了。她是那么的瘦弱——瘦得皮包骨头。而且，她又怀孕了。她笨拙地向我致以歉意和问候，她说，她的克罗恩突患重病，所以不得不一周两次赶赴医生那里。房子也并没有失去赎取权，他们后来又搬回去了。她无法再工作，毕竟她已经有八个月的身孕了。直到此刻我才知道，她从未抛弃我和我的女儿——她只是为了过活，只是为了在艰难的命运中乞食。我微笑着告诉她："有时候，相比于仅仅过自己的日子，跟一些人联系，讲述自己的遭遇更是难以启齿。再次见到你，并且看到你还安好真是太好了。"她看上去如释重负，一直微笑着。我祝她幸运，然后告别。

——艾米

这些关系为什么会结束?

有时候，关系的结束是因为我们对服务或者服务的提供者感到不满。有时候,这又跟我们定居或者搬家有关,当我们要搬走的时候,我们可能再也找不到我们最喜欢的那个按摩师了。

其他一些关系结束的原因是因为日程安排冲突。不管是你雇用一个人筹备你孩子的生日派对但他们却始终没有现身,还是一个医生始终无法安排时间与你见面。有时候我们并不是因为他们所做过的事而选择与之分手,而恰恰是他们无法做到什么事情而使我们最终做出了这个决定。

这些情况中,我们天然就有分手的借口。当事情不太私人的时候,务必要问问他们谁可以真正满足你的需求。向他们寻求帮助可以显得你看重他们的观点和建议。然而如若你实在无法忍受他们没办法满足你的日程安排,那么就愉快地让他们走好了。

如何分手

如果你跟一些人并非亲密无间,那么直截了当地结束关系即可。但是如果你们有过更亲密的交流经历——比如,他们知道你住在何处,有多少个孩子,知道你的狗狗喜欢到哪里排便,知道你有早晨喝咖啡的习惯——诸如这些比较私密的事情,当你们的关系走到尽头的时候,有很多种办法可以结束这一切。

即便这个人在金钱或者精神上极度依赖于你,但是你要明白,你并非他的摇钱树或者安乐椅。如果你觉得自己有义务帮助他——所以选择回到他身边,那么这会让你错过那些你尚未遇到的妙人。不去尝试新服务(和提供服务的人),你就错过了找到最合适的那一个的机会。尽管有朝一日那位18岁的遛狗人不再为你所雇用,这一点让你很是失落,但是,在她犯下错误的时候你也不必为替她收拾残局而殚精竭虑。最终,你要考虑如何做才能有利于自身。

每种分手都不尽相同,但是结果却别无二致。对于结束一段关系而言,可供选择的方式都是相似的,面对面告知,通过电话、电邮、短信,或者干脆不辞而别。

如果你要与以帮助你作为自己工作的人分手,先内省一番,然后才可以彻底地审视对方。例如,对于按摩师或者私人教练来说,扪心自问,你所制定的目标是否切合实际?你是否完成了你所规划的任务?他们本意是否是想帮助你,但是你却把这当作是对你的冒犯?

应对分手

并不确定你与你的医生或照料狗狗的人是否合得来？以下的这几点适用于各种形式的关系。

1. 这个人耗费了你大量的时间和精力。

2. 你很在意这个人的想法。

3. 你经常会被这个人的所作所为惹恼，乃至于受到伤害。

4. 你再也没有从这段关系之中得到任何好处。

5. 你感觉你的疗愈师们完全无法满足你的要求，或者，在你剪了个新发型之后，你不得不回家重新修理你的头发。

6. 你害怕见到这个人，并且你再也不想见到他(她)了。

了解你与你周围这些人的“舒适区间”是有必要的。当你遇见他们的时候，你脑海中浮现出来的对他们的观感是什么？是暖意、紧张，还是恶心？而你的身体是刺痛或者绷紧着的吗？一旦你确定这些感觉，那么再弄清楚这些感觉来源于何处：是你的胃、胸部，还是脑袋？所有的这些都可以更好地帮助你得到真正的感受和想法，而且，这还可以帮助你将你为何不愿意同他们在一起的原因用言语表述出来。

一旦你决定，你不想再感受到那些你并不喜欢的东西，或者不想同你不喜欢的人待在一起，那么接下来你就可以采取行动了。

只有你自己才可以断定,一段关系到何种程度才需要一个正式的结束。而且一旦你做了,也全凭你来决断如何将每个人"返归自由"(也就是你和那些被你抛弃的人)。现实情况是,大多数时间里,我们总是倾向于寻找一种简单的方式实现目的,让关系如同西部的黑犀牛那样逐渐灭绝消失。然而,你一定不想面对一次在集市中的偶遇给你带来的紧张,或者,你仅仅是想锻炼自己的交流能力——练习如何让别人走掉的艺术,从这种"分手商谈"之中你可以学到如何清晰地表达自己,并且不必再为意料之外的偶遇而尴尬。以下是三种应对分手的选择。

选择一:迅速且诚实

有些关系结束得很快,分手也显得很容易。双方秋毫无犯,因而生活得以继续如昨。其实,此时双方对于造成关系终结的原因有着清晰的理解(距离太远、观念不合,或者其他一些原因),但是有时候,事情并不容易,保持诚实甚至是很有挑战性的。

保持诚实并不是在人际交往中的必需品质,以至于我们对此都有些生疏。社会暗示我们,保持可亲近的姿态要比保持真诚容易得多。这会使得我们看上去和蔼可亲,让别人感觉很舒适。

但是学着诚实是掌握有效交流和更好获得反馈的利器。

如果你可以保持诚实,尤其是当你不想为人所知的秘密被人知道之后,你可以感觉更轻松一些,因为你终于可以卸下身上所背负的重担。保持诚实并不是说你必须告诉别人所有的细节,这仅仅意味着你要真诚地对他们说明,为什么这段关系走向了终结。

例如,你剪了一个新发型,但是并不喜欢,此时你就可以对你的发型师直言你的不满。比如你可以这样说:“这个发型并不是我想要的,但是现在已然如此,权且这样吧,不过要是我实在无法忍受,那么我可就要拜托别人再剪了。我希望你可以理解。”或者,“此时此刻我可能对你太过情绪化,但是暂时可能不会再光顾了”。

当你无法坦率地告诉他们你“不想再看见他们”,那你可以告诉对方你们彼此之间关系结束的原因。也许他们此时也有好的理由等着你,例如你已经丢掉了工作,或是你的经济状况并不乐观,等等。或许,你发现他们许多次都在约定好的时间内迟到,这让你觉得他们并不尊重你的时间。无论你采取何种方式,只要是让他们知道他们并不能满足你的要求,就可以使他们明白关系为何会结束了。

这一方式对于同医生解除服务关系同样适用。如果你恰好在办公室里,并且确定以后也不再来了,那么直接告诉他们原因即可。而当你是因为他们的某些做法而选择这么做,他们可能想知道为何会发生,诚实地告诉他们对他们以后的工作也有帮助。所以,如果你不喜欢令人烦躁的漫长等待,不喜欢他们的医疗助理，直接告诉他们就好；如此这般他们才会努力做出积极的改变。你也不必在事后过多谈及这些。你没有义务再次去见他们，但是向他们反馈可以促进他们提供更良好的服务。

真实的分手

我被我的皮肤病医生“踹”了，这多是由于我们二人有太多的不同之处。尽管彼此之间的相似性让我们之间的雇佣关系维持了很长一段时间，但是我们两人的代沟实在是太深了。

比如：我需要网络来完成几乎所有的事情，如果没有网络，那我的工作寸步难行，或者至少，所花费的时间将要比原来多出数倍之多。我的皮肤病医生则恰好相反，他没有电子病历、没有网站，甚至，据我所知，连电子邮箱都没有。

我们对于医患关系的本质也有迥异的观点。尽管，我可能会喜欢我的医生，但是我并不一定要与他们成为朋友。我不认为我的私人生活与看病有什么联系。我的家人，他们之中多数比我年长，都偏爱让他们所熟知的人进行治疗。他们是在一次次看病间隙的闲谈中建立了信任。

我可能是我这位皮肤病医生的病人之中年纪最小的一个,却也是日程安排最紧的一个。他所有的病人不但会准时前来,而且一些人甚至提前很早、忍受着寒冷等候在会客室里,愉快地(很显然)排着长长的队,听着不知是谁哼唱着的小曲儿。我独自一人进入以及离开,没有几句言语。每次都是要等上一个小时,然后看五分钟的病。

四年之后,我终于受不了这种浪费时间的方式了。我问他们有什么办法能让看病的过程快一点。他们建议我另找一家能满足我要求的诊所,顺便还寄给我一篇安·兰德斯(Ann Landers)1993年的关于为什么医生总是迟到的文章。我十分感谢他们及时叫停了我们的关系,否则事情指不定会变得很糟糕。

对于我的皮肤病医生而言,我是一个没有耐心、要求"立马将事情做好"的难缠的主儿。但是对于我们来说,我们成长于技术增长的时期,但却受困于婴儿潮造成的经济困境,我们不得不竭力寻找着一份份的兼职来偿还学生贷款。讽刺的是,我们还被灌输说,这是稳健的金融前景的关键。所以婴儿潮一代们并不能很好地体谅别人,并不太理解我们病人的需求以及在饱和的劳动力市场之中,"及时性"的重要地位。

我们这一辈有着不同的价值观，不同的政治主张，会被截然不同的事物所冒犯。为了克服这一点，我预约了另一个医生。

——蒂玛瑞，故事原载于《费城周刊》[①]

是的，这需要勇气，但是即便事情并不如你所愿，你也会因为努力过而获益。这些诚实的反馈也许是这些人收到的最好的东西。他们有可能感激于你的反馈，这使得他们可以有机会取得进步。当然，也有可能不。不管怎样，真诚总是生猛、赤裸但却美丽的。

选择二：从容不迫

有些关系是渐渐变淡以至于结束的。因为你一直维持着这段关系，所以这种类型的分手也就会变得漫长。你可能想着快点分手，甚至会着手实施，但是当你要结束这段垂死的关系时，却对分手本身没有清晰的概念，如果这样分手少则数月多则数年。这会让你左右为难，但是在这种情况下，你依然需要静待时机。

当你需要帮助，但是对得到的帮助并不满意的时候，以下的方法会是很好的行动方案。不是要把你孩子的保姆一脚踢开,花几个小时或者几天时间找到新的保姆,而是在你找到新的帮手之后,提前两周告诉你原来的保姆,然后至少付给她两周的薪水。毕竟,保姆是一份工作,你的这种做法符合雇佣终止时的礼仪。同时,你也可以给她提供关于她未来工作的建议。

这种方式并不会像彻底的分手那样造成巨大的冲击,但是这需要你慢慢地把他们从你的生活中去掉,而不是简单地摆脱他们。这对于和你每天碰面的教练分手来说是一个很好的选择。你并不想完全结束你的训练课程,那你可以从五天缩减到每周两次,渐渐到每两周一次、每月一次,直到一次也不去。

对于这些关系而言,时刻清楚自己的时间安排是很重要的。明确地通知他们,这样他们就不会为此而失落。这也给了他们时间寻找新的客户,或者计划一下在未来一段空闲时间内要做些什么。

那么接下来该怎么做呢?下一次安排时间见你的医生的时候,如果你想结束疗程,那么告诉他们即可。医生们有他们比较偏爱的方式来"终结"一段关系,所以他们可能会与你商讨最后几次的疗程。这是他们处理事情的方式。你的医生可能会建议进行四个疗程,但是如果你仅仅想在一个或者两个疗程后就退出,那你就要占据主动地位。他或者她可能不会同意你的决定,但也不会强迫你。

选择三:出其不意的分手

并不是所有的分手都如计划般顺利,所以随着分手过程的进展相机行事就显得尤为必要。例如,当你决定要同你的医生结束关系之时,他或者她很可能会反客为主。“同医生结束关系在生理上和情感上有着跟恋人分手一般的反应。”艾伊萨说道,她是我脸书上的好友,“尽管她一直是脆弱、真诚的,与我有着强烈的亲近感和共鸣,但是当我表示我并没有看到疗效,并没有得到我想要的结果的时候,她竟然说,她再也不想见到我了。”

你可能不得不去应对这些本来是专业处理你的情绪的人的情绪反应。当你告诉你的护理员你将要辞退他们,他们可能在你真正准备好让他们卷铺盖走人的前几个星期,就离开你了。

如果分手并不如计划那般进行,那么你要争取占据主动。列出备选的医生、护理员或者其他可供选择的服务提供者,如此这般,即便你被打了个措手不及,那么你还可以把握局面。

致谢

如果关系在一片和睦中结束，那么可以有两种方法向你的服务提供者道谢。一种需要你花些钱，一种不需要。如果你经济宽裕，那么最后一天给他们一笔奖金可以很大程度上体现出你对于他们在过往中对你孩子的照顾、对房子保养的感激。即便在私交上你们并不十分合得来，但是感谢他们的专业水准是很好的举动。

如果你没有什么闲钱，或者他们并不值得如此，那么你可以写个短笺。尤其是如果你在剪了很糟糕的发型之后再也没有心情走进那个理发店，那么你可以电邮一封感谢短笺给先前那位理发师。寄一封他们无法拒绝的感谢短笺会让他们感觉过去这段关系是尚可的。然后让他们知道你要离去和离去的原因。尽管一封感谢信变成告别信会让他们为之震惊，但是这也比你在其他时刻和地点告诉他们要平稳得多，甚至，他们会感激这一点。

你所需要做的仅仅是制订计划

从来没有什么完美的分手方案。尽管不必非得如此，但是分手之时尽可能做到让所有人在场且真诚相待。一段关系结束的方式决定了未来的境况。你无法预料分手如何发生，但是你可以选择你的应对方式。

逃避分手意味着当你再次遇到已经分手的人之时，你可能不得不再次避开他们。但是去面对"其他"类型关系的结束，见面之后致以问候，互道"你好""近来如何"可能更好一些。慢慢找一个替代者，慢慢地从你的生活中找到一个可以让你自然地前行的空间，让你有机会把这个人以另外一种方式留在你的生命之中。

比如，当你们的关系在谅解和同情之中走到尽头之后，你可以考虑邀请你孩子原来的保姆出席孩子的生日聚会，你可以把原来的医生介绍给朋友（即便他或者她与你并不十分合适），可以继续在原来的那位理发师所在的同一家商场购物。如果没有进行某种合适的了断，这些于你而言都将不是可选项。

我们都会犯错误，我们从他们身上也可以学到很多。同人们分手并不总是依照计划进行，任何事情都是如此。有时候坚持执行计划要比撇开不管好很多。

被分手后的注意事项

1. 分手有可能是一个意外，但是别让这件事中未曾料想得到的那部分阻碍你发现分手本身真正的意味。

2. 判断你自己在这段关系中扮演着怎样的角色，以及这段关系如何走向终结。

3. 放弃一个人并不意味着你要放弃她/他的社交圈子里面的所有人。

4. 沮丧和愤怒并无大碍，但是别试着去贬低他们的生活。

5. 感谢那些对你保有真诚的人们。

第十章

被甩：硬币的反面

不管你是不是正处于分手之中，被甩终究是一片难以下咽的苦药。这是对你脆弱的自我系统的一次重创——乃至于休克。它可能没有任何道理，或者当你终于明白个中道理的时候，已经浪费了太多的时间。而此时，你已经被甩了、被撵走，失去了作为朋友、家人、医生或者乐队成员的责任。

的确，这很糟糕，被甩这片苦药连糖衣都没有。你曾经同某人拥有一段关系——甚至有时候你根本不会料想得到这段关系会走向尽头，可是终究，它结束了。就像你毫无预兆地就被解雇掉一样，这实在是糟糕。此时，你倾尽全力应付这件事情（在你力所能及的范围之内），可是终有一天，尽管他们曾经对你很重要，你终究会意识到，这些人只是你生命中微不足道的一部分而已。一次分手就是一次契机，如此你可以以更宏观的视角审视你究竟是怎样的人——至少是别人眼中的那个你。

另一方面，被甩的过程也并非总是很难熬。你也不必去纠结自己该维持现状还是想办法结束一段关系。你不必踌躇于该做何事。即便分手让你伤心,但你也必然不是唯一一个为此受伤的人。对于跟你提出分手的那个人来说,伤痛从分手之前就已经开始,直到真正分手之后的很长一段时间里,他/她依然在品尝着苦果。

人们选择结束一段关系,通常是要经过很长时间的犹豫,毕竟,人们并不愿意接受这样的结局。在本书大多数章节的末尾,我已经提供了一些鼓励性的小趣闻,所以你可以尝试着使自己更好地走出你的境遇。

我们可能对我们自己和我们的生活感觉良好,但我们依然渴求别人的认可。不管是在学校取得了好成绩还是有喜欢我们的朋友,对于我们大多数人来说,我们希望给别人留下好的印象。

“分手不跌份儿”的意思是这样的:你要先于甩你的那位走出分手的阴影;不再给对方打电话、发短信,也决不在你前闺密面前表露出一点儿的痛苦;从你的线上生活中删除原来的生意伙伴,开启新的生活。[①]这章不教你怎么“分手不跌份儿”,不过若是按我说的去做,会让你更好地走出灰暗的日子。你可以扎小人,边扎边痛骂他们对你做的事情,直到小人面目全非。可是你做的这些事情并不能让你感觉更好一些。那么我们到底应该怎么做?

进球得分启发你挺过分手

如果你认为你被甩了就是社交失败，那么你以后还真有可能“社交失败”。研究证实，当你处于失意之中时，你会倾向于责怪你自己。普渡大学(Purdue University)的杰西卡·维特和特拉维斯·多尔西于2009年的一份研究显示，人的行为会影响他的认知。②

为了研究进球得分对足球运动员踢球表现的影响，普渡大学的这支团队选择了一组业余足球球员作为实验对象，实验人员让球员们尝试踢球入网。随后他们发现，那些没能进球的球员认为原因在于门柱离得太近以至于球都通不过。其实，球员们所认知的门柱间距越大，他们踢球入网的成功率越高。

在外行看来，这对分手过程来说是一个有趣的启发。所有的分手无疑都是一件大事，你们双方都从闹心的境遇之中获得解脱。若你可以认为自己是无敌浩克[1]或者是大力水手，或者自己有庞大的社交圈可以帮你度过危机，那么你确实可

1　无敌浩克(Incredible Hulk)，漫威漫画(Marvel Comics)中的人物，即“绿巨人”。——编注

以在分手中做到体面。若你拥有乐观的态度,那么你更有可能在身体上和精神上度过这段糟糕的时光。

但是如果你觉得你更像是抱着氪石的超人,或者是完全无依无助的可怜虫,那么你会被分手折磨得形销骨立,会感受到浓重的孤独和被厌弃的感觉。此时你的感知是虚弱的,所以你更容易坠入自责的深渊:把分手的原因全部归结为你自己的错误。

从更宏观的视角看问题,你可以学会尽全力度过分手这段历程。你终会意识到这段关系的终结并非不可承受。以后你也不会再在这方面跌倒第二次——毕竟你已经有了克服它的自信。若是在心里默默告诉你自己,这段关系的终结可以更好地提升你生活的质量,那么你通常会如愿以偿,因为你的感知会最终影响你的行为——在绝境之处看到生命之光,这会让你拥有坦然面对分手的自信和勇气。

如前文提到的来自阿姆斯特丹的一些研究,主要聚焦于身体在我们分手时起到的重要作用(详见第一章)。所以,试着告诉你自己,你的意识可能会夸大和矫饰,那么这个念头就会根植在你大脑里。因为,尽管你的大脑和身体不断地产生意见,但是这些感知和想法往往并不那么坚实可靠。

如何好起来?

需要一些办法来缓解分手造成的忧郁?那么试试这些办法:

远离社交媒体。如果脸书或者其他一些社交媒体的朋友与你分手,那么试着从他们的线上生活中消失。每天看着他们的分享会让你更加难以接受如今的境况,让你对不再是他们生活之中一员的现状感到尤为难过。也不要再看你们共同的朋友的更新了。这样你不会意外看到任何关于他们的内容,或者任何记录他们和其他共同友人在一起的美好时光的照片。如果你再也没兴趣了解他们分享了什么,那么你就在防止他们走进你的生活这一点上占据了主动。

远离温床。即便你努力起床去工作了,你也必须在你无所事事时保持这一点。你可以步行去超市买土豆片或者去某家俱乐部放肆地跳舞,只要是能让你离开家的方法都可以。你越是努力去生活,你自怨自艾的时间就越少。

看诊疗师。跟你社交圈子之外的人聊天会对你有所助益。一位诊疗师,或者任何一位顾问都是你克服分手抑郁的好选择。这些人会教你人际关系之中的准则,以及相对应的解决方案。

写一封永远不会寄出的信。如果你感觉你没有得到满意的了结,那么试着给你的"前任"写一封信,倾诉你的委屈。这是一个锻炼你控制情绪的好办法:觉察你在感受什么,以及如何把这些思绪从你脑海中清除掉。把信装在信封内，然后封存在抽屉之中，留待数月之后重新打开。这个方法可以验证你当初的感受是否是真实的。而如果你在此之前就完全复原了，那么直接烧掉那封信即可。

保持忙碌。如今正是做正事的时候。制订计划、按时赴约、欢度假期，等等。满怀欣喜地迎接这些充实你生活的事情。这样，你的大脑就不会白白浪费能量了。

调养或是锻炼。身与心都健康才是真正的健康。

从任何一个角度来讲，科学告诉我们分手影响我们对于自我价值和幸福的感知，这种情况的确发生着。但是当你可以走出来并且回头再审视这段经历的时候，你可以更好地处理它了。

推卸责任的游戏

如果你尝试从另一个人的角度来看分手，你会发现提出分手有多么困难。你能想起你曾在人生中提出过多少次分手吗？或者你会等待别人先开口？

和别人分手真的很难，说出你的感受、坚守自己的立场需要勇气和信念。分手不是儿戏，结束与你关心的人的关系是一个严肃的决定。即使你真的做出了决定,你也不确定这是不是你真正的心思。分手的提出方可能会怀疑他们做得到底正不正确(除非关系糟糕透顶,双方对分手毫不迟疑)。他们将在悲伤与快乐的交织之中回忆往昔岁月。

问题是,你怎么样?你可能正在经历失去的痛苦,但是这也是一种解脱。你可能愤怒、伤心、感到被抛弃。你可能想把你的伤痛全部归结于抛弃你的那个人。但是纵然你这么做了,他们依然是你的痛苦之源与解脱的关键。

你可能会察觉到其间也有自己的一部分过错,其实这也未必全然是坏处。责怪别人对于你而言其实弊大于利。在这种情况下,你放弃你的力量,失去对事态的掌控权。你原本可以尽早结束这一切,但你选择不。不过,这并不意味着你没有感觉到有些东西需要改变。你其实有能力继续前进,姐妹们。但如果你继续责怪别人,那你永远都处在弱势地位。

即使你认为责怪别人在短期内对你有所助益,但是这并非长久之计。一旦你发觉自己的错误,你会需要更加辛苦地复原。

如果你继续责备别人,你就无法从中得到教训。你不明白自己为什么被甩。你会继续把自己打扮成一个受害者。正如那些踢不进球的球员,看到的仅仅是狭窄的门柱。

当你认清在分手之中自己所负有的责任而不是纯粹把责任推卸给别人,那么你会感受到自己的力量、自信和对事态的掌控能力。指责是一种简单粗暴的做法,而看到自己的责任则可以使你认清你在这段关系中所扮演的角色。你也许并不情愿承认眼前发生的一切,但是指责无疑是一种幼稚的解决问题的方式。总之,明白自己的过错无疑更成熟些吧。

你可以通过关注你自己内心的需求和感受来转变境遇。自我关注是一个漫长的过程,但可以立刻使你成为你自己所需要的朋友。当然你也可以向那些爱你的人寻求抚慰。

被甩的好处

我知道有些话听起来比较扯淡,跟“这是最好的安排”“一切都会好起来的”有得一拼,但是人们实际上是用这些话加油打气的,即便这不是最好的安排。毕竟那人再也不会出现在你的生命之中,你不得不企盼更好的那个人出现(尤其是,这还是你此刻唯一的选择)。如果有人觉得你对他们来说不再是好的,那么他们对你来说也同样如此。

历经愤怒、哭泣、怨恨、欢喜等一切你此时的情绪,被甩的好处逐渐显露出来。我们铭记得越多,我们就越有可能带着积极的情绪走向未来。

对自己保持诚实

我从小就听过这么一句话:“诚实是最好的策略。”即便在我们被伤害的情况下,这句话依然有效。当有人甩了你的时候,他们是忠于自己对这段关系的评价的,然后他们选择爱自己更多一些。现在你也应该这么做。怎么做到对自己诚实呢?最终知道你身在何处是一种解脱吗?当你最终走出灰色地带,抵达黑白分明的地方是什么感受?

替罪羔羊式社会

听说过“替罪羔羊式社会”吗?这个词在1997年出现,在这个社会中,人们被迫职业性地为他人承担罪责。如果你把所有的过错和责任都推给与你分手的另外一方,那么你就需要好好自省一下了。即便他们使你感到不爽,明白自己正在做什么才是阻止这一切发生的不二法门。③

想想这些吧。你不必担心弄清楚你与对方是好是坏,因为你再也不与他在一起了。这也意味着,你不必担心说错或是做错。同时,这对你也许是个安慰:在这段关系中,你很可能是第一次得到了一份诚实而精确的评价。即使你讨厌这样,但你不得不钦佩他们的诚实。是吧?

反思与洞见

回望这段关系,在这段关系中的经历会让你思考一些你之前从来没有思考过的问题,这会让你学到很多。例如,你在这段关系之中究竟扮演着怎样的角色?(换言之,在这段关系中,你是操控者还是被操控者?你是屈服了还是放弃了?)你可以用某类“人格面具”来定义吗?(如:受害者、戏剧女王、主人公,或者奴仆、战争狂人)谁导致争论的开始,谁又导致了争论的升级?依你之见,你感觉你是被尊重的吗?你们之间的共识和分歧是什么?

分手给反思提供了绝佳的机会,所以你可以审视一下你们给双方所安排的角色,并且尝试着将其带入到各自的行为表现中加以分析。

当然,一段关系并不是演戏,但这至少可以给你提供参照。反思可以导向洞见。借着这个机会你可以估计一下你究竟想要扮演什么类型的角色。如果你的前任老板是一位保守共和党,而你却是无政府主义者,那么此时你大概知道你跟有确定政治信仰的人是无法共事的。也许你是问题的肇事者。或者,也许你可以与他们共事,但你需要考虑,下一次遇到这样的情况要如何更好地处理。

看到改变的积极一面

你现在终于有机会做你自己了。你被甩了，至少你目前无法改变这一点，但是，如果你选择去探索被甩背后的那一面，那么就可以在过去这段关系之中找到能够帮助你得到积极改变的方法。例如，想想你对你前任的态度和与之相关的行为举止，你在这场关系之中本可以如何做得更好（甚至是在分手的时候）？如果有很多方面你可以做得更好，那么在多大程度上你愿意做这些改变？如果你做这些改变，你会感觉更好一些吗？

不再颓废

坏的人际关系犹如吸血鬼一般榨干你的精力（有时你甚至都觉察不到）。但是一旦关系结束，你也不必再去思考这段关系的种种困惑。你用不着浪费你的精力来应付这些人。

分手之后，你可能注意到一种精力的转变，你可能会觉察到你不必努力去集中思路和精力在那些阻碍你展现真我的人身上。你现在有足够的时间把精力集中在新的事物上，比如你自己的生活，结交新的朋友，享受新的活动，等等。

伴随着精力转变的是你现在有机会转变你生活的重心：你将要做什么？你将要去哪里？

这其实事关成长

你可能会觉得，这段并不浪漫的关系的结束是一场失败。但是实际上，这是一个机遇。即便你依然怀念这段关系过去如何之好，但是无疑，这里还有很大的讨论空间。从成长的角度来看，列一张清单，在上面详述你在这段关系之中得到的教益。这么做是因为，即便这段关系不得不结束，但这并不意味着这段关系带给你的教益也被忽视掉了。从坏事之中也可以提炼出人生经验，以此帮助自己成长。

“自由是一无所有的代名词”

最终，分手当然不会带来快乐和欣喜，但是你必须承认，它会给你带来自由。此刻你会明白你是唯一需要对你的感受负责的人，这相当自由自在。如果你可以赶走被灼烧、訾骂、阻挠这些负面情绪，那么你可以用其他的情绪代替。你可以回望你的内心，来探寻那些让你感到愉悦的东西。你将会意识到你是自由的，你终将可以走出这段关系去追求新的风景。

最重要的是，你依然好好地活着，依然可以满怀希望拥抱大把的时光。你依然可以选择进入下一段关系并且告别那些你不愿发生的一切。你终究是幸运的，因为此时此地，你不用被别人告知做什么，如何思考，如何去做。所以，拥抱这些新发现的机遇吧。走出过往，享受你的人生！

如何超越分手

“过好自己的人生是最好的复仇，尤其是在没有他们的时候。”

“指定一位联系人。每当你不得不与甩掉你的人电话、邮件或者短信沟通的时候，你可以试着先与你们之间的某个人联系。跟这个人说明你想要沟通的内容即可。这样你就可以不必对此上心，也不必担心到时候会说出什么让自己懊悔不迭的话来。”

“我不认为‘酗酒、暴食、痛哭、听音乐，或者度过一个晦暗的周末’是明智的做法，这对我个人而言是损耗。”

“去工作，不要让其慢慢发酵和腐烂。”

“要爱惜自己，吃好，睡好，尝试去写日记和保持忙碌的状态，总之多给自己留些时间，以及片刻的悲伤——允许矛盾的存在很重要，由此，希望才能伴随着失去成长起来。”

“一切皆有报应，它可能会迟到，但从不会缺席。”

“奋发向前！”

“将之视作一份礼物。你已经从一段彼此都不满的关系之中脱身。而这也正是你自我成长和发现的契机。”

“假装你很开心，直到你真的如此。（这建议听上去很扯淡，但有时候的确很管用。）”

"哭泣和痛苦其实都无妨,你只需要知道,这些情绪只是一时的,未来这一切终究会过去。"

"锻炼!流汗!"

"我发现去一个你之前从未到过的地方旅行是让你保持前行的好法子。'成功即是最好的复仇'的信念可以帮助我们聚焦于未来而不是沉湎于过往。"

第十一章

创伤后恢复指南

分手总算告一段落。无论你只想穿着内裤像《乖仔也疯狂》(*Risky Business*)中的汤姆·克鲁斯那样跳舞,还是如电影《她》(*Her*)中的杰昆·菲尼克斯那样无所事事地跟电脑闲聊,在这场“分手大戏”之中,你总要坚持演完这最后一幕。

有时候分手最艰难的一部分是分手本身,但是有时候这仅仅意味着伤痛的开始,而这你未必能够预料得到。分手的创伤之深有时候会令人讶异,即便于你而言,分手可能是件“好事”。

你可能会经历漫长的情绪起伏期。各种情感将会始料未及地冒出来。可能会是你终于分手之后的宽慰;可能会是因为发觉分手竟然是最后唯一选择的恼怒;也可能是悲伤,因为你所失去的,或者是幸福,因为你正得到的(对于关爱自我和自我价值的更深刻的理解)。

分手之后哀悼你所失去的会比那个人真的死了要伤人得多。毕竟,他们还没死,而今后他们的生活之中已然没有了你的位置，他们也从你的生活中消失了。

分手就如同一辆“情绪过山车”，创后恢复工作在此占有着重要的地位。它让我们明白什么才是更加重要的，让我们明白爱、积极性、对美好的渴望始终是驱使着我们前进的强大动力。创后恢复让我们静下心来哀悼以及反思。我们可以由此重新审视一番过往的这段关系，审视我们自己在这个故事中究竟扮演着怎样的角色。这样，我们可以更好、更有创造性地表达我们自己，最终让我们获得成长。从创后恢复期的尽头，我们可以抵达新的自由之地，在那里我们可以更加诚实地看待自己，享受生活之中更多良好的关系。

相信自己在分手之中所获得的东西，不管你感觉自己是否把握好了这一过程，都要坚信这一点。毕竟度过分手这段时光太过花费心力，而你如今终于要熬过去了。

> 不要企图通过分手得到你在原来那段关系中得不到的东西。分手改变不了对方。这样的想法完全不靠谱。
>
> ——玛西娅·巴克奇斯基，人际关系教练

迈过这道坎

你必须集中你的身体和精神全力克服分手。你需要不断地前进直到这种状态变成你的自然行为。你也要让自己确信,一切皆会好起来,即便你有时会经历数月才能有此观念。当你最终理解了你的境况,明白你永远不可能完全理解未来会如何继续下去,那么你就会逐渐迈过这道坎。这时候你才可以选择无所谓、原谅、忘记,还是“去他们的”。

此时才是真的你

欢迎来到这一阶段!不管你被分手折腾得无精打采,还是被彻底地折磨到崩溃,当你接受了此时的处境,那么你就真的如此了。即便你是那种心思重的人(我就是),有时候觉得激励自己能给自己以安慰(我便是这么认为),但是事实上,只有你不再刻意地给自己打气,你才真正算是“康复”了。

这并不轻松,但是却也简单。说句“我现在就是这样”之类的话并不费事。可是如果这种状态并不是你想要达到的,那么转变到另外一个状态也是可以的。这完全取决于你自己。

你并未被打败

你并不是唯一一个曾和家人、朋友或者生意伙伴决裂的人。诚然,你会感到孤独、愤怒,抑或悲伤,处境确实如此,但是你终究会克服。现在,你需要记住,你并无过错,而且,你足够坚强(你主动分手即是明证)。你并未被打败,只是需要时间复原。

用心感受

无论你的感受如何,重要的是,真正去体会它。无论你的情绪让你感觉自己是飞翔于世界之巅还是喘息于深海之底,你要挖掘出你所有的情感。埋首于枕头之中放声尖叫,将你的情感全部宣泄于纸端,或者去尝试冥想等自我表达的手段。不管你选择怎样应对这场失去,失去已经是既定的事实,而你必须妥善安置好自己的情绪。如果你感觉自己对此已经不再无所适从,那么你就会对你正在做的事情有更加清醒的认识。

检查你的身体状况。感觉如何?没有重负在身你会感觉更好吗?肌肉紧绷着吗?你感受得到四肢更加放松的自由感吗?你准备好去攀登更高的山峰,在峰顶高声咏唱《音乐之声》吗?

或者,你惊异于自己体内仿佛有强劲之风试图撕裂你的躯体，感到被关系的终结折磨垮了吗？你已经陷入如此深的绝望以至于无从得知该如何摆脱这一切？

也许你的境况介于二者之间：濒临狂喜与绝望的边缘。当然，你也许并非如此极端，一如往常按照自己的节奏和步伐生活，只不过无人陪伴。

无论你处在何种状态，生活中并没有什么“指南”告诉你如何哀悼逝去的一切。如果你的情感已经妨碍了你正常的生活，那么你需要找到方法克服它。情感都是暂时性的，即便是我们期望长久保持着的也是如此。记住这一点，借助一切手段帮助自己挨过这段时光。这也许意味着你要去接受专家治疗、做瑜伽、为了避免触景生情而搬家，或者听自己喜欢的乐队。总之，你可以通过直面你的情感而最终找到迈过人生这道坎的方法。

听从直觉

直觉是一个十分神奇的东西：自由、强烈而又简明。我们应该倾听直觉的召唤，因为我们知道直觉是正确的。它提醒我们只有我们自己知道什么对我们最有利。虽然书本、他人或者播客会告诉我们“应该”如何感受，但是只有我们自己才知道自己究竟是如何感受的。

听从你的直觉，它可以告诉你一些事情。这并不是说你不再需要征求别人的观点和建议，而是说，你所征求的观点和建议要与你内在的系统相符。倾听你内心的感受,听从你的直觉,因为你的内心知道你想要什么,你的直觉则知道哪个对你最有利。

所以,度过分手的同时也是你反观自己内心的过程。你的内心究竟如何思想着?你身体里的那个直觉动物究竟告诉了你什么?你大脑所感知到的与你的内心渴望的究竟有何不同?如果你可以深入到身体机能方面,那么你确实找到了自我救助的最为恰当的方式。这听上去费力劳神,但却也令人兴奋。你需要决定自己该如何做。

沉沦总该有时限

关系结束之后,通常我们会沉沦于对逝去之物的追忆之中。为了克服这种持续地让自己消沉的倾向,婚姻和家庭专家雪莉·迈尔斯博士(Dr. Sheri Meyers)建议采取"节制大法"[①],也就是给自己分配一段时间(例如每小时中取五分钟),仅仅在这段时间中你允许自己沉浸在分手造成的负面情绪之中。定好时间,一旦五分钟过了,你的沉沦即刻休止,直到下一个小时。每天你需要减少沉浸于其中的时间,即如果你从五分钟开始,逐渐减少到四分钟、三分钟,就是这样。

这不但是一种让你学会控制自己思绪的好办法,而且更进一步地,还可以让你学会控制你思考与否,以及思考的时机和地点。

你也可以通过为自己举办“同情派对”的办法练习“有时限的沉沦”,邀请几位你最亲近的朋友,在这晚,只要你想,就可以纵情地哭泣(毕竟,这是你自己的派对)。朋友们的陪伴以及他们带给你的礼物可以将你的注意力从分手这件事上移开。例如和你一起下棋,邀你到外面闲逛,或者写一本满是鼓励你的句子的书等有趣的活动。然后,即便你的“同情派对”结束了,你也拥有了很多鼓励你的话语和动力去度过眼前具有挑战性的时刻。

举行清除仪式(clearing ritual)

这听上去可能挺可笑,但是这的确是除去过往负面情绪的好办法。在假期的时候,我和我的一位朋友前往远离其他陆地的一座岛屿(是的,那里十分偏僻),在那里我们举行了一项神圣仪式帮助我走出友谊破裂导致的悲伤。仪式的一部分就是将我们彼此以及我们之前建立的圈子“神圣化”。

我将其视作告诫自己要向前看的一种方式。我将神圣之物作为指引我们更清晰地思考的象征。而且,这也是可以将我们从“自己已经被击倒”这种想法中解放出来的行为符号。

如果“神圣化”并不适合你,那么你仍可以找到一种适合你的仪式。比如到后院把以前你和你前任的所有照片一把火烧掉,或者你可以把屋子整个清洁一遍,清除掉你嫂子到访时留下的晦气。如果你同生意伙伴分手了,那么你可以烧掉你们之间的所有文件(如果你确认你不需要的话)。

清除仪式同样可以给你思考的机会。依着这种方法,你可以明白,你此刻正是依照自己的心意做着自己的事。

这事关到爱

在《爱2.0》(*Love 2.0*)一书中,芭芭拉·L.弗雷德里克森(Barbara L. Fredrickson)阐释了非爱情意义上的爱对于人类的成长和生存的重要意义。她写道:“爱是你周身所有细胞都渴望的最为重要的营养素:与其他有生命的造物的真实而积极的联系。”[②]

爱如阳光:它是我们成长和保持健康的必备之物。那么,既然如今在你的生活中爱占据了比原先更多的空间,那么你一定会变得更加强大的。

听音乐

音乐有种强大的力量,可以从很多方面激励我们前行。它的旋律可以治愈我们,可以在一瞬间改变我们的心情。你有没有听过一些歌让你有自己是世界之王的感觉,或者至少给你带来了好心情?列一个振奋你的歌曲清单,每当你感觉失落之时就听一听。

分手歌单

需要搜集分手之后要听的歌单？以下是我从朋友那里收集到的对治愈分手之痛有帮助的三十首歌曲。

1. Survivor — Destiny's Child
2. Happy — Pharrell Williams
3. Hayling — FC Kahuna
4. Feeling Good — Nina Simone
5. Freedom '90 — George Michael
6. Back to Black — Amy Winehouse
7. Shake It Out — Florence + The Machine
8. Albert's Shuffle — Mike Bloomfield & Al Kooper
9. I Will Survive —Gloria Gaynor 或 CAKE 版本皆可
10. Fistful of Love — Antony and the Johnsons
11. Wake Up — Arcade Fire
12. Don't Think Twice It's Alright — Bob Dylan
13. I'm Not Crying — Flight of the Conchords
14. Fighter — Christina Aguilera
15. Groove Is in the Heart — Deee-Lite
16. Thrift Shop — Macklemore & Ryan Lewis (feat. Wanz)

17. Beautiful Day — U2

18. Shake It Off — Taylor Swift

19. Your Ex-Lover Is Dead — The Stars

20. Solsbury Hill — Peter Gabriel

21. Somebody That I Used to Know — Gotye（feat. Kimbra）Tiesto Remix

22. Rolling in the Deep — Adele

23. I'll Rise — Ben Harper & The Innocent Criminals

24. You Get What You Give — New Radicals

25. It's My Life — Bon Jovi

26. Loser — Beck

27. Boom Boom Pow — The Black Eyed Peas

28. Don't Stop Believin' — Journey

29. We Found Love — Rihanna feat. Calvin Harris

30. Run the World（Girls）— Beyoncé

不要再想“如果不分手会怎么样?”

不再妄想与已经分手的人重归旧好。即便你现在极其讨厌他们,但是在你需要他们但他们却再也不会出现的时候,你会立刻意识到这一令人沮丧的事实(就如节食期间的纸杯蛋糕)。也就是说,你希望他们改变主意,不再一脚把你踢开。甚至于,你可能会幻想有一天他们再次回到你身边,那时你会觉得自己曾经选择的道路简直是个错误。然而,我们都希望我们的生活一切如意,有时候,分手其实是一种让我们回归到正轨的方式。

在你最终收拾好心绪从容向前之前,你必须要面对伤痛本身。时间对于这一治愈过程来讲实在是太过重要了,只有经历过一大段时间之后,我们才能清醒地看到接下来该如何走。

尽管在爱情关系以及非爱情关系中,企图重归旧好并不明智,但还是有很多人选择如此——尤其是跟密友和家人。如果你在分手之后选择重归旧好,事情大体上会变得更好一些,或者至少与你们二人分手之前已经有些许不同了。一段重新复合的关系意味着你们之间的联系少了些牵挂和纠葛(而这是戏剧高潮的必备要素),多了些不在乎。当然,分手并不意味着你就不能和好如初,这完全取决于分手的具体细节。

我已经跟两个朋友和一个家人修复了关系,其中两次,我们的关系甚至比原来要更好一些。至于第三次,关系的确变得与以往不一样:我们再也不是最好的朋友了——甚至于我们都很难称得上是朋友关系。但是直到现在,我们仍乐于看到对方、听到对方的消息,虽然这样的场合并不多。

说到复合这回事,其实是可遇不可求的,它只在对的时间才能发生。即便我一直为此而努力,也不会奢求立马就可以达成。对于一段破碎的关系来说,从来没有快速修复这回事,当然,不想修复则是另外一码事了。这就如同在伤口尚未愈合之时,就把急救带扯走,让它独自愈合。那么,在错误得到修正之后,你感觉如何呢?

宽恕还是不赦——这是一个问题

弱者从不宽恕,宽恕是强者的特性。

——甘地

宽恕作为宗教和文化规范,早已在你我心中根深蒂固,我们花了太多的时间(和钱)在乞求宽恕上了。天主教徒在复活节时忏悔,犹太人在赎罪日(Yom Kippur)请求宽恕,保加利亚人则在他们称为"宽恕日"(Sirni Zagovezni)的这一天致歉。随意步入一家药店,你可以看到很多卡片上会写着"对不起"。

但是宽恕呢?我们何时才会关注它?你何时会在卡片上看到"我原谅你了"?

某些情况,例如虐待,真的是不可原谅的。(或许你可以,但那是另一部书的主题了。)通常,宽恕是具有挑战性的,因为我们总是将其与遗忘相提并论。但是在绝大多数情况下,宽恕并非是为了别人,而是与我们自己密切相关。我们甚至都不必让某些人知道我们已经原谅他们了,但我们却必须能够在内心做到这一点,这样我们才能放下桎梏继续前行。

宽恕别人也许是我们所做过的最艰巨的事情。宽恕并不意味着我们必须要原谅那些因为某些过错而与我们分手的人,我的意思是,如果分手的原因只是因为他们没有成为你预想中的那个人,那么宽恕是可以考虑的。毕竟,任凭你花费再多气力,也不可能强迫别人成为他们本不是的那类人。原谅他们,将我们对他们不切实际的期许抛之脑后,这样我们才可以为我们的生活定立新的期许。

接受别人身上不可理喻之处其实也是在接受自己的缺点。是人都会犯错,当我们能够置身于把事情"搞砸"的那人的处境之时,我们可能会发现自己也有可能搞砸。这会帮助我们驱散一些无谓的恼怒和伤痛。

在你决定如何以及为何原谅之前,你可以问自己一个基本的,甚至似乎有点病态的问题:如果跟你分手的那人明天就死掉了,你还会义无反顾地作此决定吗?在他们死掉之后,你还会长久地怨恨他们吗?或者,你可否找到一种方式放下这种怨恨?如果可以,那么在他们还没死的时候,你依然有方法放下怨恨。

如果你对于原谅这件事感到沮丧(不必忘记),那你可以尝试关注一下"彻底原谅"(Radical Forgiveness)这类辅导项目。这个项目宣称可以帮助你解决一切"关系问题"。我不敢保证这项目一定管用,但是如果你有闲钱且想一探究竟,这个线上项目有原谅父母、原谅兄弟姐妹、原谅同事等分类可供选择。我觉得,大体上来说,如果你认为一个项目对你有用,那么它就真对你有用。[3]

你也可以进行一些"宽恕仪式",不管这意味着你需要背诵一些东西,试着放松你自己,还是在客厅中"群魔乱舞",扯着嗓子唱"佛罗伦萨和机器乐队"(Florence + The Machine)的《尽情摆动》(*Shake It Out*)。直到你最终找到一种方式去原谅,无论这种方式是安静的还是吵闹的,总是会让你的生活变得更好一些。

> 宽恕只是对你而言的,而不是对别人。把宽恕想象为一段过程,而非片刻即可达成的事情。一次次地想起已经铸成的错误,一次次地再原谅,而这是必要的。这可以帮助你弥合伤口,祛除旧有的伤痛。宽恕并不意味着你不计较那人对你的伤害,也不意味着你依然想要这个人出现在你的生活之中。宽恕仅仅意味着你比所受到的伤害要更加强大,你拥有强大力量去驾驭你的理智和情感。这对治愈自己有必要吗?我认为这是最为彻底的治愈。然而,人们即便没有宽恕也似乎活得很好,可是他们却不得不承受错误所带来的痛苦。
>
> ——丽莎·A.鲍威尔博士

现在,就让我们来唱唱反调吧。我们选择不原谅,且把所有的罪责都推到对方身上。怨恨别人总比与自己纠结来得轻松。如果对方不能认识到自己的错误,我们凭什么主动认领自己的那部分错误?我们可能对自己一无所知,可是却十分了解别人对我们自己的伤害。而如果有人伤害到我们,我们凭什么原谅他们?

此外,如果我们原谅了他们,我们可以忘记他们对我们造成的伤害吗?苏格兰的一项研究[④]显示,在我们原谅之时,我们也更可能有意地忘记一些东西。但是这还是取决于过错的严重程度,尤其是你并不能改变关系结束这个结果的时候,你的遗忘重要吗?

通过审视过往的经历,我们可能最终会放弃宽恕。你可以选择接受你料想之中或者料想之外的他们,但是不选择原谅。或者你可以原谅他们,但是不赞成他们的行为。通常情况下,在我们经历痛苦之时,我们必然会重新撕开伤口,而如果我们无从找到出路舒缓这些痛苦,那伤口就永远不能愈合。

如果我们选择不去原谅,那么问问自己为什么。是因为提醒自己他们的缺点和错误可以让你拒绝他们再次进入你的生活中吗?小技巧:你可以原谅他们,但不让他们再涉足你的生活。是因为你正被困在痛苦与愤恨中,所以也想让对方也遭受折磨吗?这时也许你真的恨他们,觉得他们不值得被谅解。这样就没有标准答案了,唯有你自己去寻找答案了。

从宽恕的不利一面看,宽恕经常会成为对始作俑者的纵容。其实,对我们每个人来说,拾起生活的信心有很多种方法，宽恕仅仅适用于一些人而非全体。所以在你决定原谅还是不原谅之前，你要权衡好何种决定对你更有利。即便你从来不必做出这样的选择，如果你选择了，那么也要为自己而选择。

宽恕还是不赦

我个人认为，英语之中的宽恕这个词经常被过分强调了。治愈和宽恕并不是一回事。一个人并不需要对曾经虐待过他/她的人施予宽恕也可能得到治愈。当我们过多地强调宽恕的时候，我们就有可能模糊了折磨他人之人的罪行，要知道，并非所有的罪行都值得宽恕。诚然，如果一个人可以做出宽恕之举——不管被原谅的人是否有悔过的意向，改变的意图，甚至是否意识到自己做过错误的事情——这很重要也很有益。但也并非必须——宽恕并不意味着被虐者有什么亏欠施虐者的地方，也不意味着不去宽恕是错误的。

——丹雅·鲁滕伯格，拉比

宽恕总是必要的，但是却并不容易，会花费你很长时间。也就是说，不宽恕只会伤害到你一个人。怨恨将会把你困在无爱的魔鬼之地。

——迈克·海耶斯，精神导师

我认为宽恕很重要，因为我们内心积蓄着的怒火最终会伤及我们的身体。身体是我们的感觉和情感的载体，而它也会在精神层面上影响到我们，尤其是，怨恨会扭曲我们对事物的看法。这就是说，宽恕并**不等于**忘却。你不必在一个人那里跌倒两次，那也太傻了。而原谅仍然需要一段时间，待怒火与伤痛渐消，原谅才有可能。

——盖里·卡茨，拉比

我将宽恕视作解放自我的一种方式。它并不需要别人的参与，不需要一个道歉。只要我们拒绝原谅一个人，那么我们就会被困在伤痛和沮丧之中无法自拔。可是我们一旦选择原谅，生活就会显得轻松一些，使得我们可以继续前行。我们也必须记着，原谅并不意味着忘却，并不意味着痛苦不曾存在，这仅仅意味着我们自豪于自己最终可以走向平静，自豪于我们的现在和未来要好过昨日。

——塔玛拉·霍希-普雷齐奥索，心灵导师

关于懊悔

多年来，有句话一直在我脑海里存留着。这是一首歌的开头：“我宁可事后追悔，也不愿何事都不去尝试。”

我不确定这句话的原作者是谁，尽管人们通常认为出自周六夜现场(SNL)的虚构角色杰克·亨迪(Jack Handey)。但是就如“恐惧是瘫痪的喜悦”，每当我察觉出在一段关系或者生活中犯下错误的时候，这些话总是会帮助我最终走出来。如今，每当我怀疑自己的决定的时候，我就回想出这些句子，提醒我即便事后后悔去冒险，我也绝不会待在原地，保证“安全”。

同你所关心的人分手，无疑是在冒险。你要承担的风险是可能会失去这些曾经帮助你成长的人，失去其他一些人，甚至整个社群。当分手已成事实，你的分手对象可能不想再跟你讲话，就如同对待大街上的陌生人一般。他们甚至广而告之，说你的不是。无论会发生何事，你已经做出了决定，那你就坚定不移地继续下去。

你不会知道你事实上究竟想要什么，他们究竟会作何反应，只有当你从目前的境况之中逃离出来。分手之后重新回望终于明白自己的所得所失，以及究竟想要何物的时候，你才可能一窥全貌。

如果你沉浸在对逝去之物的遗憾与追悔之中，那么试着去健身、制作艺术品、跟朋友们一起闲逛，或者办一个同情派对、旅行、爬山。假使这些都是无用的，那么一定要想些办法渡过难关，毕竟这一路上实属艰辛。

珍重

在这章也是这本书的结尾,我希望你可以学习到在“非罗曼蒂克”的关系破裂之时的应对经验。诚然,对于每个人、每种情景而言,分手都是各不相同的。可是,有一个是我们共同的问题,那就是我们都会失去一些东西,都需要拯救一度苍白的生活。

在结束一段漫长的关系之后,也许你转而求助于其他的朋友们,丈夫或者妻子,或者过一种有节律的规律生活。也许在你摆脱已经纠缠你多年的姐妹之后,你的家人就此不再跟你说话了。在你离开原来的教堂之后,你可能会找到另外一座,或者你会选择一种无宗教的精神生活。尽管对于这一切,我们从来没有什么正确答案,但是在某些方面,我们还是可以取得共识的。最明显的一点便是:分手是艰难的,但它对我们来说必然是有意义的。

分手可能对我们的幸福乃至于健康至关重要。把分手想象成类似于健身一类的活动,它会帮助你达成一些目标,而这些小目标的实现将会帮助你迈过日常生活中的杂芜与荆棘。当我们谈论如何保持健康的时候,我们经常会说要有规律地运动、注重饮食。尽管运动不易,绝不比你窝在沙发里看电视舒服,可是结果证明我们值得这样做。如果你厌恶锻炼且喜欢吃垃圾食品,那就把分手想象为呼吸,有时候,这是我们继续存活下去的唯一方法。

无论如何,关系终结之后,一定要照顾好你自己。这意味着,找到你要承认分手已成既定的事实,坦然面对自己的情绪。你可以通过写作、绘画或者大声地对自己、医生、一切支持你的人倾诉。阅读相关主题的文章和书籍也会让你好受很多。你可以走出家门,去远足、去露营、去旅行。不管怎样,一定要让自己坚信“是的,我可以!”。或者,你可以改变你的外在,剪个新发型、购物,或者用其他方式让你的身体放松下来,比如窝在沙发里看电影。

生活由你所经历的一切所构成。分手这一门生活课程可以教会你我如何辨明什么才是真正值得自己为之付出的人际关系。分手也事关接纳与责任,它教会我们如何给自己和对方留出适度的空间。

分手意味着受伤,受伤之后必然要寻求治愈。这会让我们花费很多时间放下对某些人的执念,甚至有时候,会把我们周身所有的能量耗尽。可是,这仍然是我们成长的必要的部分。一旦我们迈过这道坎,那么我们最终会走向新的自由和新的可能。

你处理分手的方式将会更多地影响你自己的生活,而不是别人。所以明智地、深思熟虑地做出选择,而且最重要的是,自始至终,你要爱你自己。

致谢

最衷心的感谢献给……

在希尔(Seal)的所有人,谢谢你们的耐心和信任。尤其感谢 Laura Mazer 鼓励我去找到了这样的表达,感谢 Stephanie Knapp 一路上指引我。感谢所有帮过大忙和小忙的人们——那些(通过脸书、电子邮件和电话)分享自己的经历和分手过程的人,感谢你们的坦率,你们的故事和挣扎。我的家人、朋友、同学和同事,我爱你们——你们总是鼓励并支持那些助我成长的方式,对此我永怀感激。感谢 Krissy Eliot 的编辑、校对以及所有给力的支持。玛西娅·巴克奇斯基(www. askingforwhatyouwant. com),凯特·波恩斯坦(www. katebornstein. typepad. com),乔舒亚·科尔曼博士(www. drjoshuacoleman. com),伊维特·鲍林(www. declutterist. com),保罗·格拉斯沃德(Paul Grosswald),汉娜·布莱克和蒂玛瑞·施密特(www. sexwithtimaree. Com),感谢你们的专家意见。感谢 Leslie,Sara,Andy 和 Lauren,你们让我想到这个主题。感谢 Scott Player 以耐心和理解为我创造了写作的时间,而且同时应付(好吧,不是字面意思)了那么多其他的事情——包括我们初生的女儿。感谢 S. Pirate Pearl,你是妈妈求之不得的好宝贝,总是小睡那么久,好让我有时间去写作。

注 释

第一章

① Rachel Zarrell, "This Boston Marathon Survivor Wrote A Breakup LetterTo Her Leg Before Amputating It," *Buzzfeed. com*, November 11, 2014, http://www.buzzfeed.com/rachelzarrell/adios-leg.

② Timaree Schmit, "Timaree's Body: Why Is My Doctor Always Running Late?" *PhillyNow. com*, December 11, 2014, http://phillynow.com/2014/12/11/timarees-body-why-is-my-doctor-always-running-late/.

③ Kat George, "Why Ending A Friendship Is So Much Harder Than Ending A Romantic Relationship." *Bustle*, October 2014, http://www.bustle.com/articles/44167-why-ending-a-friendship-is-so-much-harder-than-ending-a-romantic-relationship.

④ Doka, K. J. Disenfranchised Grief: *A hidden sorrow*. (Lexington, MA: Lexington Books, 1989).

⑤ Bregtje Gunther Moor, Eveline A. Crone and Maurits W. van der Molen, "The Heartbrake of Social Rejection: Heart Rate Deceleration in Response to Unexpected Peer Rejection," *Psychological Science* 21, no. 9 (2010): 326-

333, doi:10.1177/0956797610379236.

⑥ S. Halpern-Meekin, W. D. Manning, P. C. Giordano, and M. A. Longmore, "Relationship Churning in Emerging Adulthood: On/off Relationships and Sex With an Ex," *Journal of Adolescent Research* 28, no. 2 (2012): 166-188, doi: 10.1177/0743558412464524.

第二章

① Robert Burns, "*To a Mouse, on Turning Her Up in Her Nest with the Plough.*"

② Sandra Metts, "The Language of Disengagement: A Face-Management Perspective," in *Close Relationship Loss: Theoretical Approaches*, ed. Terri L. Orbuch. (New York: Springer, 1992), 111-127.

③ Tara J. Collins and Omri Gillath, "Attachment, breakup strategies, and associated outcomes: The effects of security enhancement on the selection of breakup strategies," *Journal of Research in Personality* 46, no. 2 (2012): 210-222, doi:10.1016/j.jrp.2012.01.008.

④ Michael Tomasello, *Why We Cooperate*. (Boston, The MIT Press, 2009).

⑤ (Marcia Baczynksi, pers. comm.)

第三章

① Daniel Ploskin, MD, "What is codependence?, *PsychCentral*, 2013, http://psychcentral.com/lib/what-is-codependence/0001170.

② Gregg Henriques, "Signs of counter-dependency," *Psychology Today*, April 2014, https://www.psychologytoday.com/blog/theory-knowledge/

201404/signs-counter -dependency.

③ Darlene Lancer, "Codependency vs. Interdependency," *PsychCentral*, *January*, 2013, http://psychcentral.com/lib/codependency-vs-interdependency/00014263.

第四章

① S. Metts, W. R. Cupach, and R. A. Bejlovec, "'I love you too much to ever start liking you,' Redefining romantic relationships," *Journal of Social and Personal Relationships* 6, no. 3 (1989): 259 - 274, doi: 10.1177/0265407589063002.

第五章

① Lynne C. Giles, Glonek Gary F. V., Luszcz Mary A., and Andrews, Gary R, "Effect of social networks on 10 year survival in very old Australians: the Australian longitudinal study of aging," *Journal of Epidemiol Community Health* 59, no. 7 (2005): 574-579, doi: 10.1136/jech.2004.025429.

② Fatih Ozbay, MD; corresponding author Douglas C. Johnson, PhD; Eleni Dimoulas, PhD; C. A. Morgan, III, MD, MA; Dennis Charney, MD; and Steven Southwick, MD, "Social Support and Resilience to Stress. From Neurobiology to Clinical Practice," *Psychiatry* 4, no. 5 (2007): 35 - 40, http://www.ncbi.nlm.nih.gov/pmc/articles/PMC2921311/.

③ Nicholas A. Christakis, MD, PhD, MPH, and James H. Fowler, PhD, "The Spread of Obesity in a Large Social Network over 32 Years," *New Eng-*

land Journal of Medicine 357, (2007): 370-379, doi: 10. 1056/NEJM-sa066082.

④ Jessica J. Chianga, Eisenbergera, Naomi I., Seemanb, Teresa E. and Taylora, Shelley E., "Negative and competitive social interactions are related to heightened proinflammatory cytokine activity," *Proceedings of the National Academy of Sciences in the United States of America* 109, no. 6 (2012): 1878-1882, doi: 10. 1073/pnas. 1120972109.

第六章

① Salvador Minuchin, Families and Family Terapy (Cambridge, MA: Harvard University Press, 1974).

② Arnett, Jeffrey Jensen, PhD and Schwab, Joseph, Te Clark University Poll of Parents of Emerging Adults. 2013. http://www. clarku. edu/clark-poll-emerging-adults/pdfs/clark-university-pollparents-emerging-adults. pdf.

③ (Joshua Coleman, pers. comm.)

④ Shona Vann, "I've divorced my parents (and it's breaking my heart)," Daily Mail. com, February 2011, http://www. dailymail. co. uk/femail/article-1357417/Ive-divorced-parents-breaking-heart--She-blissfully-happy-childhood-So-40-writer-cut-mother-father. html#ixzz3OGUUYTvG.

⑤ Lise Funderburg, "Why We Break Up With Our Siblings," TIME, December 10, 2000, http://content. time. com/time/magazine/article/0, 9171,91424,00. html.

第七章

① Ernest B. Harper and Arthur Duhnam, Eds. Community Organization in Action.（New York: Association Press, 1959).

第八章

① Myplan. com, "Happiness Index: 300 Careers With The Highest Job Satisfaction Ratings," http://www. myplan. com/careers/top-ten/highest-job-satisfaction. php.

② The Conference Board, "Job Satisfaction: 2014 Edition," June 2014, http://www. conference board. org/publications/publicationdetail. cfm? publicationid=2785.

第九章

① Timaree Schmit, "Timaree's Body: Why Is My Doctor Always Running Late?" PhillyNow. com, December 11, 2014, http://phillynow. com/2014/12/11/timarees-body-why-is-my-doctor-always-running-late/.

第十章

① Chance Allen, "4 Steps to Winning a Breakup," Thought Catalogue, March 2014, http://thoughtcatalog. com/chance-allen/2014/03/4-steps-to-winning-a-breakup/.

② Jessica K. Witt and Travis E. Dorsch, "Kicking to bigger uprights: Field goal kicking performance in performance perceived size," *Perception* 38, no. 9 (2009): 1328-1340, doi:10. 1068/p6325.

③ Scapegoating Society：www. scapegoat. demon. co. uk.

第十一章

① The Huffington Post Women，“Dealing with a Breakup：7 Healthy Ways to Cope with Post-Split Stress，” Women，Huffington Post，June 2013，http://www. huffingtonpost. com/2013/06/05/dealing-with-a-breakup-7-tips_n_3389381. html.

② Barbara L. Fredrickson，PhD，*Love* 2. 0：*Creating Happiness and Health in Moments of Connection.*（New York：Hudson Street Press，2013）.

③ Radical Forgiveness，http://www. radicalforgiveness. com/.

④ Saima Noreen，Raynette N. Bierman，and Malcom D. MacLeod，“Forgiving You Is Hard，but Forgetting Seems Easy：CanForgiveness Facilitate Forgetting?” Psychological Science 25，no. 7（2014）：1295－1302，doi：10. 1177/0956797614531602.